霍金传

用生命和时间赛跑

端木向宇 著

民主与建设出版社

· 北京 ·

© 民主与建设出版社，2018

图书在版编目（CIP）数据

霍金传：用生命和时间赛跑 / 端木向宇著 . -- 北
京：民主与建设出版社，2018.10
ISBN 978-7-5139-2299-9

Ⅰ . ①霍… Ⅱ . ①端… Ⅲ . 霍金（Hawking,
Stephen 1942-2018）- 传记 Ⅳ . ① K835.616.14

中国版本图书馆 CIP 数据核字（2018）第 212523 号

霍金传 ： 用生命和时间赛跑
HUOJINZHUAN YONGSHENGMINGHESHIJIANSAIPAO

出 版 人	李声笑
作 者	端木向宇
责任编辑	刘 芳
封面设计	仙境书品
出版发行	民主与建设出版社有限责任公司
电 话	（010）59417747　59419778
社 址	北京市海淀区西三环中路 10 号望海楼 E 座 7 层
邮 编	100142
印 刷	三河市华润印刷有限公司
版 次	2018 年 11 月第 1 版
印 次	2019 年 4 月第 2 次印刷
开 本	880 mm×1230 mm　1/32
印 张	8.5
字 数	200 千字
书 号	ISBN 978-7-5139-2299-9
定 价	38.00 元

注 ：如有印、装质量问题，请与出版社联系。

一个时代的谢幕

英国物理学家史蒂芬·威廉·霍金，生于1942年1月8日，是现代最伟大的物理学家之一，著有《时间简史》等书。他是一位既伟大又非凡的科学家，也是一位肌萎缩侧索硬化症（ALS）患者，就是人们所说的"渐冻人"。在世人看来，他更是一位勇敢、坚韧、辉煌、幽默，对生活充满了激情的人，全世界的人都感动于他的事迹。霍金出生于伽利略忌日，逝于爱因斯坦生日，享年76岁。

霍金的工作和留给人类的宝贵遗产将会一直流传下去。我们所能回忆起他生前的画面，是他歪斜着躺在轮椅上，表情受到病魔的折磨而无法舒展。他牙齿有些微凸，只能发出机器般的声音，那是他依靠眼睛移动加上面部动作所输入的一个个字母转换出的"电子声"，是他与外界的唯一联系。他被诊断出患有肌萎缩侧索硬化症的那一年，正准备考剑桥的研究生。医生预言，他还可以再活两年，这是大多数患病者的生命年限。

可霍金凭着自己的毅力和先进的医疗从 21 岁活到了 76 岁，整整多出了 55 年。患上肌萎缩侧索硬化症比癌症更残酷的是，肢体将从下到上丧失行动能力，而没有任何治愈的方法。患上此症后，患者将从走路摔跤、无法写字、四肢失去控制，到无法说话、无法呼吸，最终窒息死亡。

无情的命运总在意想不到的时刻等待着霍金。

上一秒，明明还在跟一个派对上认识的女孩仰望星空，聊着最喜欢的音乐，下一秒，却发现自己躺在草坪上，身体不听使唤地无法站起来。从此与霍金相伴的只有病榻，每当阳光从窗外照进，脊椎检查后的刺痛还未消散，连同内心的郁结，宛如巨石在胸，眼前模糊一片，周围的一切都变得不真实。

病魔几乎压倒了他，但他很快找到了缓解病痛的良方，就是工作。1970 年，已丧失行动力的霍金只能坐在轮椅上，而情况还在一天天坏下去。但是，他还奇迹般地活着，并且拥有清醒和健全的大脑。他的寿命远远超越了当年医生给他下的死亡时间，并留下了经典而不朽的理论和著作："奇点定理""黑洞""霍金辐射"以及《时间简史》《大设计》《果壳中的宇宙》等。

《自然》杂志上曾发表过此番言论:"黑洞发出一种能量,最终导致黑洞蒸发,该能量被命名为霍金辐射,引起全球物理学家重视。"这项新发现被认为是多年来理论物理学最重要的进展。霍金的理论解释了已困惑人类千年的问题:宇宙从何处来,它又向何处去?宇宙有开端吗?如果有的话,在此之前发生了什么?时间的本质是什么?

霍金用常人无法想象的方式,撰写了科普著作《时间简史》。他尝试着把问题的答案告诉更多的人。这本书总销量超过千万册,堪称奇迹。2012 年,随着疾病的恶化,霍金脸部肌肉恶性萎缩,他与电脑的传输效率也逐渐降低,每分钟只能拼出一个英语单词。他不得不更换使用英特尔公司提供的新面部识别技术,这套语言输出系统是从他的嘴角、眉毛抽搐中获取文字。

令人感动的是,当人们为他身患重症而感到不幸的时候,他却展现出招牌式的幽默和诙谐,安慰着那些与他同样患病而不幸的人,传递给人们信心与力量。他像孩子般兴奋地在个人博客中写道:"这个系统可以让我更好地与外界交流,我现在每分钟可以打出 15 个单词……唯一让我不太喜欢的是,这个机器发出的是美国口音。"

他的机智与幽默源自对生命的热爱。霍金在《果壳中的宇宙》

一书的前言中引用了莎士比亚的《哈姆雷特》中的话："即使被关在果壳之中，我仍是无限宇宙之王。"这不仅是对宇宙的理解，更像是这个被困在轮椅上的科学家勇敢的宣言。

每天和机器朝夕相处的他如何看待人工智能？他说："很危险！"他还和1000多名科技专家联名签署了一封公开信，警告人们警惕武装机器人和人工智能武器。

霍金坚信外星人是存在的。如果地球上有生命，为什么其他星球上不能有？他跟《星际穿越》的科学顾问基普·索恩打赌"宇宙中是否有某个黑洞存在"，如果索恩赢了，霍金就订一年的杂志。他还和商人尤里·米尔纳联名宣布，投资1亿美元寻找外星生命迹象。

他喜欢在交谈之后加上一句：不然我们打赌吧！这就是他此生幸运的所在。他也和病魔打了一个赌，结果这回霍金赢得了时间！

霍金与中国的渊源要从20世纪80年代说起，他生前曾三次来华。他很关心中国的建设和发展，对中国科技的进步做了很高的评价。

曾有人问他最喜欢中国什么，他如此回答："喜欢中国的文化、中国的食品，更喜欢中国的女人，她们非常漂亮。"此外，他还对中国人的灵活、勤奋、智慧称赞不已。当时在他的一再坚持下，最终登上了中国的万里长城。

霍金是个开朗的人，他对一切新事物都好奇，也就有了他善于探索的精神。为了不与这个世界脱节，他注册了博客账号，粉丝已超过 460 万。他曾经说过："如果这个宇宙不是你所爱的人的家园，那它就称不上宇宙。"

在广袤的宇宙里，有梦幻的星云，有那些如地球般的小行星和吞噬一切的黑洞，霍金正飞向它们……霍金没有死，他只是终于摆脱了束缚着自己的肉体，从轮椅上一跃而起，飞向了那个他一直憧憬的地方。

是的，他一转身，就带走了一个时代！

目　录

第一章

霍金在中国

  霍金曾三次到中国，去过合肥、杭州和香港，还去过北京，登上了长城，参观了天坛。他的中国行还引发了"霍金热潮"。当年，在中国只卖出500本的《时间简史》，如今却成为畅销书，排在各大图书畅销排行榜上。霍金也成为青少年的偶像，很多读者被他顽强的精神所打动。他以实际行动告诉世界上的每个人："身体残疾，并不代表心灵残疾。只要活着，一切都是希望。"

时间带走了他

2018 年 3 月 14 日的这一天，几乎所有的媒体都报道了这不幸的消息：霍金走了！

享年 76 岁的物理学家史蒂芬·霍金去世了。其家人确认这一消息的当天，正好是爱因斯坦 139 岁冥诞。终其一生，霍金一直致力于黑洞研究，以及对大众读者的科学传播工作。

查看霍金的博客，他一共发出了 20 条信息。最后一条是 2017 年 11 月 24 日发布的，是写给中国"千禧一代"的，他写道："我希望，当你们追求科学以及其他创意时，如此的好奇心和自信可以延续下去……让我们一起展望未来！"所以，不要悲伤，他只是掉到虫洞里，去进行他的时空旅行了。

霍金此生的研究领域是引力与黑洞，主要有两个贡献：1970年的"奇点定理"与1974年的"霍金辐射"。他的主要工作都完成于黑洞研究大发展时期，于1973年发表了研究成果《时空的大尺度结构》。早期的霍金对当时的引力与黑洞领域做出了非常重要的贡献，对这一领域的发展也起到了非常大的促进作用。

在科普方面，霍金作为当代理论物理的代言人，对于在公众面前宣传理论物理的作用是极大的。这一点应该无人能出其右。他在科学界的名气一部分也来自从科普到科学的"出口转内销"。霍金在公众中的巨大名气当然也算是他对物理学的"贡献"，一些少年就因为受到霍金感召而报考了物理系。霍金在学术界的名气是与其贡献相称的，理性的同行们将霍金视为20世纪70年代以来在引力和黑洞领域做出杰出贡献的众多学者之一。

作为一位大半生困在轮椅上的科学家，霍金几十年如一日地坚持科研和写作，与命运抗争，这种精神堪称伟大。数十年来，霍金是代表黑洞、四维空间、地外生命的神秘图腾，是学生作文里不屈不挠、乐观主义的典范。不过，近些年来，他更像一个流行的文化符号，平易近人地出现在美剧和动画片里，让人们模仿他的电子发声器，拿他的科技轮椅开玩笑。

但到他去世时，人们又开始回味他像艺术品般美丽的理论，然后惊觉他的离去，这也意味着从20世纪初直至70年代的天才盛世之曲，余音已终结。那是物理学的黄金与白银时代，群星璀璨。基础学科不断产生新的数据，很多几乎立刻就能得到实用的衍生结果，直接地改变了人们的生活。

天才盛世的出现，并非偶然。20世纪初是人类社会生产力走到了整体层面更新换代的当口，是漫长而低下的生产力积累到了质变的时刻，最终在技术创新的带动下，迎来了爆发。可以说，是时代造就了爱因斯坦、普朗克、海森堡，甚至后来的费曼等人，而他们又在某种程度上加快了人类现代化的进程。

当前所有的技术应用成果，几乎都是在那个时代基础理论成果的指导下取得的。迄今为止，基础学科获取的诸如上帝粒子、引力波等重大进展，究其源头，仍未脱离当年先驱们画下的圈。天才难再出，其中一个原因，是前一时代的成果应用还未穷尽，人类对工具的渴求尚未彻底满足。换句话说，上一代天才们留下的东西，人们现在还未完全参透与用完。此外，社会分工愈加细致，讲求大规模投入和团队协作，教育和科研日益规范化、流程化，让成功的整体概率大幅提升，摆脱了对天才的依赖，却也在一定程度上"降低"了旷世天才出现的概率。

霍金，随着他的离去，20世纪科学盛世留下的遗产，人们已经咀嚼得差不多了。但霍金的理论仍非完备，时间的箭头仍未明朗，我们对宇宙还有大量未知和不解之处。过往百年的进步，应

让我们明白，"人类不会永远在黑暗中踽踽而行——努力寻求完整的理解，远好于精神上的绝望"。（霍金语）

霍金于 1975 年任重力物理学高级讲师，1977 年任教授，1979 年任卢卡斯讲座数学教授。1974 年他当选为皇家学会最年轻的会员。

霍金的成名始于对黑洞的研究成果。他在统一 20 世纪物理学的两大基础理论——爱因斯坦的相对论和普朗克的量子论方面走出了重要一步。他的不朽名著《时间简史：从大爆炸到黑洞》，从研究黑洞出发，探索了宇宙的起源和归宿。他于 1978 年和 1988 年先后获得物理学界两项大奖，即阿尔伯特·爱因斯坦奖和沃尔夫奖。1989 年霍金获英国爵士荣誉称号，他还是英国皇家学会会员和美国科学院外籍院士。

1985 年，霍金丧失语言能力，表达思想唯一的工具是一台电脑声音合成器。他用仅能活动的几个手指操纵一个特制的鼠标器在电脑屏幕上选择字母、单词来造句，然后通过电脑播放声音。通常制造一个句子要五六分钟，为了合成一个小时的录音演讲要准备 10 天。

他的著作包括《时空的大尺度结构》《时间简史》《果壳中的宇宙》《霍金讲演录》《乔治的宇宙》系列等。

从古至今，多少人在逆境中成长，在艰苦中奋斗。他们经过多少的坎坷和磨难，才到达光辉的顶点。霍金是逆境成才的典范，他是因坚强不屈的毅力和战胜困难的信心才成功的。

霍金这位生活强者、科学巨匠，永远是我们敬佩的人，是我们奋斗的目标。霍金教会了我们在生活中不管遇到什么困难和挫折，都不能放弃，要坚持到底。要向霍金学习，学习他那种向命运挑战、顽强拼搏的精神；学习他那不达目的誓不罢休的毅力和勇气；要做一个像霍金那样勇敢顽强，不断探索科学、探索未知世界的人。

初访中国

霍金与中国结缘于 1985 年，他第一次来中国就在这一年。这位非常有名的理论物理学家来到安徽合肥的中国科技大学，在学校的水上讲演厅第一次公开亮相。

同学们都提前去占位子。前来聆听的学生顺着过道往下站，连讲台的两侧甚至门口也都站了不少人。那种情景的确可以用"济济一堂"来形容。在当时的"科大"，天体物理是很时髦的，相关的报告也比较多。很多不是学物理的人也在眉飞色舞地谈论宇宙的"无限有界""无中生有"等玄而又玄的话题。尽管如此，很多人并不是冲着报告本身来的，而只想看看这位轮椅上的英雄到底是什么模样。

　　这种场合的报告通常带有普及性质，难度不是很大，并且现场还有一位天体物理小组的老师做翻译。大概是由于很少出国的缘故，他翻译得并不熟练，没过多久他便接二连三地出错，但很快就得到了现场指正。对于演讲时这位翻译的表现，霍金身旁的两位英国女学生感到既新鲜又好奇。而霍金一动不动地坐在轮椅上，脑袋像先前一样歪着，脸上没有任何的表情。

　　2002 年的 8 月，霍金再次来到中国。他被聘为浙江大学的名誉教授，来浙江大学进行公众演讲，同样掀起了一场科学飓风。8 月 15 日这一天，浙大邵逸夫体育馆是人们瞩目的焦点，三千多企盼亲耳聆听大师演讲的各界人士在此汇聚，原本只有 2000 个座位的体育馆人满为患。近百位新闻媒体的摄影、摄像记者更是抢占有利位置，准备捕捉精彩的瞬间。浙江电视台利用自己的优势，在场内设置了多个固定摄像机位，进行现场直播。

　　上午 10 点 30 分，霍金和夫人在人们的簇拥下微笑着进入会场。此时，全场听众起立，以热烈的掌声表达对这位科学伟人的崇高敬意。接着，霍金用轮椅上特制的电脑语音合成器开始了中国之行的公众演讲——《膜的新世界》。会场设置的两个大屏幕分别显示着演讲内容的图示和中文。精彩的内容、直观的图像和幽默的语言让听众情绪高涨，场上还不时发出会心的笑声。当屏幕上出现科幻片《星际航行》中霍金与牛顿、爱因斯坦打扑克并赢了的画面时，全场报以热烈的掌声。霍金用一个多小时的演讲，把听众的思绪带入了一个奇妙的、多维的宇宙空间。

演讲结束时已是下午一点，听众迟迟不愿离去。他们以敬佩的目光和长时间热烈的掌声欢送霍金离开会场。能目睹大师的风采，亲耳聆听大师的演讲，就是当时现场观众最终生难忘之事。在杭州期间，霍金还游览了西湖和河坊街。

现场的学生也许忘了报告的内容，但有一个观点，应该令他们印象深刻，那就是霍金所说的"在一个收缩的宇宙中，时间可能会发生倒转"。如何来理解，可以举一个例子，假如在膨胀的宇宙中，有杯子掉到地上摔成碎片，而在收缩的宇宙中，散落在地上的碎片则会"破镜重圆"，成为一只完好的杯子。若宇宙有朝一日真的发生收缩，而时间真的开始倒转了，那是一件多么有意思的事啊！

2006 年，中国刚进入夏季，64 岁的霍金又一次前来访问，这次随行的包括 5 名护理人员、一名私人助理、一名研究助理以及他的女儿，共有 9 人。先是到了香港科技大学，然后是北京。主要讨论有关宇宙起源的不同理论，分析时间如何开始等问题。他现场讲授"宇宙的起源"公开课，还在记者见面会上，接受了媒体采访。当时出席的人员包括普通民众、各大专院校及中学生和一部分残疾学生，近 2500 人。

　　"不轻言放弃，勇于创新"是各界对霍金的一致评价。他为人亲切有魅力，身残而不放弃研究的精神令人佩服。他对科学有热诚，能把理论化繁为简，令其得到普及。出于对"霍金理论"的崇拜，我细心查阅了当天霍金来中国的报道。

　　其中有报道称："霍金被誉为当今最伟大的科学天才之一，曾获得理论物理学界的最高荣誉爱因斯坦奖，著有《时间简史：从大爆炸到黑洞》等一系列著作。但他的身体却饱受造化之苦，早年罹患肌肉萎缩症，后来又因病失去说话能力，须靠电子语音合成器发声。"由于他丧失了说话的能力，每次演讲时都十分困难，又要接受公众的提问，他是如何做到的呢？霍金用眼球从电脑上选字后组成句子，透过机器将声音送出进行交流。

　　一次，他在一个题为"宇宙的起源"的演讲之后，只靠眼球控制计算机语音合成器发声，选出几条问题回答。问题内容有关地心引力有否扭曲光线、宇宙常数的来源、宇宙是否等同黑洞等，也有涉及霍金的日常生活的问题。他说："我只是不能接受身体与精神一样残废！当然，我要常常保持乐观也不是容易事，耐性可不是时刻能维持的。"说罢全场笑声不绝。

　　"霍金精神"似乎让凡事都有了可能。他对青年人寄予厚望，并建议提高学生对科学探索的兴趣，采取奖励措施，如在中学和大学提供奖助学金，为中学生举办科学奥林匹克竞赛，以及邀请科学家来做深入浅出的演讲等。他还建议，应资助本地大学多进行研究和增设教研职位，让优异学生从事科研工作。

霍金身残志坚，最能体现的就是他积极乐观的精神。他拿自己开玩笑成为他的日常，如："为何我是地道的英国人，竟用美国口音？"那是因为他那台语音合成器于 1986 由美国制造，久而久之就习惯了，如果不用它，就要用法国口音的最新产品，那样的话最先不能接受的应该是他的太太。

就在那年的 6 月 19 日，他应邀参加"2006 年国际弦理论大会"，从香港直接抵达北京，首站就去了中国古代皇家祭祀园林天坛。在祭天的圜丘，霍金坐在他的轮椅上环绕一周。圜丘上层以"天心石"为圆心，从外到内分别铺设了扇面形石块，并以九的倍数依次向外延展，栏板、望柱也都用九或九的倍数，象征"天"数，以实现皇帝"天人合一"的目的。霍金听着介绍，默默地感受着中国的传统哲学。

当他坐着轮椅出现在人民大会堂的万人大礼堂时，许多年轻学生欢呼着离开座位，冲到台前，端着各式相机与他合影。霍金支撑着羸弱的身体，分别向中国科学界和公众做了两场学术报告。"你们听得见吗？"霍金以他招牌式的问候开始了 45 分钟的演讲。现场观众聆听着他利用电脑控制的语音合成器发出的具有金属质感的声音。

霍金斜靠在轮椅上，像在安静地休息，不过讲述的话题却是最吸引人的"宇宙的起源和归宿"。他让现场的观众了解到，20世纪20年代美国天文学家埃德温·哈勃在威尔逊山上用100英寸的望远镜观测天象后，科学家研究的情形发生了根本的改变。哈勃发现，宇宙正在膨胀，星系之间的距离随时间的流逝而增大。"宇宙有无起点？宇宙是否永恒？"这些问题一直困扰着人类中的智者。他在现场说道："许多科学家仍然不喜欢宇宙具有开端的理论，因为这似乎意味着物理学崩溃了。人们不得不求助于外界的作用，去确定宇宙如何起始。"

他接着说："爱因斯坦的理论不能预言宇宙如何起始，它只能预言宇宙一旦起始后如何演化。"他和罗杰·彭罗斯用数学方法证明了如果广义相对论是正确的，那么宇宙就存在一个奇点，就是具有无限密度和无限时空曲率的点，时间从"奇点"开始。爱因斯坦的广义相对论将时间和空间统一成时空，但是时间仍和空间不同，它像一个通道，要么有开端和终结，要么无限地伸展出去。为了理解宇宙的起源，必须把广义相对论和量子理论相结合。

根据他的叙述，可以想象宇宙的起源有点像沸水中的泡泡。他说："宇宙的开端，可能出现了许多'小泡泡'，然后消失。'泡泡'膨胀的同时，会伴随着微观尺度的坍缩。一些坍缩的'泡泡'由于不能维持足够长的时间，来不及发展成星系和恒星，更不用说智慧生命了。但一些'小泡泡'膨胀到一定尺度，就可以安全地逃离坍缩，继续以不断增大的速率膨胀，形成了今天看到的宇宙。"

他继续解释道："我们已经观察到，宇宙的膨胀在长期变缓后，再次加速，现有的理论仍不能很好地解释这个现象。宇宙学是一个非常激动人心的学科。我们正接近回答古老的问题：我们为何在此？我们从何而来？"对于多数中国学生来说，霍金的名字就是个神圣的符号。

当时国际弦理论大会组织者在高校密集的中关村地区，免费发放了6000多张霍金演讲会入场券。现场聆听霍金演讲的一名学生谈到其感受时说："我不能完全明白他说的理论。我来这里是出于对霍金的个人崇拜，他身体残疾还对科学那么执着。"面对众多热情高涨的中国"霍金迷"，霍金幽默地用发声器说道："看到那么多人抢到主席台前拍照，我感到不知所措。"

全身瘫痪的霍金对于现代科技充满好奇，他并不排斥互联网。他在2016年开通博客后的第一条博文就写道："我那时候坐火车游历了你们雄伟的国度，这些旅行使我对博大精深的中国历史和文化略有了接触。"2016年12月3日，霍金在博客上还发表了针对粒子物理学的未来与中国巨型对撞机的观点，他写道："粒子物理学绝对不是一个行将就木的领域，也与它在20世纪80年代的面貌完全不同。从那以后，标准模型看起来基本上已被证实，这给人一种该领域已经完成的印象。然而，这绝不是真实情况。自然界还存在标准模型无法解释的许多现象，其中包括 CP 破坏、中微子振荡和暗物质等。同时我们还有大量理论上的难题：如何包含引力、量子场论中新近发现的各种对偶、夸克禁闭、暗能量、黑洞和早期宇宙学。这是一个非同寻常的领域，它对有志向、有兴趣探索我们的宇宙如何运行的年轻人提出了巨大的挑战。一个很好的范例就是建造巨型对撞机，它将在今后 50 年中引领高能物理学。"霍金去世后一周，我进入他的博客，看见他的"粉丝"数已接近 500 万。

霍金还是位娱乐达人，他爱摇滚、方程式赛车和歌剧。他的身影出现在《生活大爆炸》《星际旅行》《辛普森一家》等影视剧中，他通常扮演自己，不是打桥牌赢了爱因斯坦和牛顿，就是用调皮又毒舌的腔调打击傲娇的"谢耳朵"。渐冻症困住了他 45 年，但轮椅无法困住他聪明的大脑、有趣的灵魂和热爱文艺的心。

2017 年 7 月是霍金的最后一次生日庆典。本来他的生日在 1 月 8 号，但剑桥的一月份很是湿冷，剑桥大学便干脆把他的生日会移到了 7 月，当时，许多与会者称之为"七十五又二分之一岁的生日庆典"。当年的 7 月 3 日，霍金的生日宴会在学院的餐厅举行，包括霍金家属在内的 300 多人参加了宴会。霍金就坐在亨利八世画像下的高桌中央，餐厅两侧的墙上挂满学院的名人画像，包括牛顿、拜伦、培根。

一位中国宁波出生的哥伦比亚大学经济学本科女生为能和霍金见上一面，专程赶去参加他的生日宴。在宴会结束后，全场起立齐唱生日歌，或许作为宇宙学家的霍金早已超越了人世间的喜怒哀乐，他看上去毫无反应。浙江工业大学教授吴忠超与霍金相识 39 年，他两次应邀参加霍金的生日庆典。每次见面，他都能觉察到霍金的身体在不断恶化。

2017 年 11 月 5 日下午，霍金最后一次出现在公众面前，是在"第五届腾讯 WE 大会"上，这也是霍金在中国进行的最后一次演讲。在演讲中，他再次表达了对人类未来的担忧。在他看来，人类作为独立的物种，已经存在了大约二百万年。人类文明约始于一万年前，其发展一直在稳步加速，如果想要延续下个一百万年，就必须涉足前人没有到达之地。最好的方法就是移民到太空，探索人类在其他星球上生活的可能。为了这次演讲，腾讯 WE 大会团队努力了两年，专程去霍金在剑桥的办公室拜访。在录制霍金演讲视频的当天，霍金还亲自挑选并回复了中国网友的 4 个问题。最后一道题是："如果能回到过去或去往未来，你怎么选择？"霍金毫不犹豫地选择了"未来"。

回答完之后，他的眼角似乎流下了一滴泪。

霍金去世后，吴忠超回忆起当初与他一起的日子，激动异常。他是 1979 年被邀请到霍金的广义相对论小组做高级访问的学者。在霍金的指导下，吴忠超进行了"极早期宇宙的相变泡碰撞的时空度规"的研究，并在获得博士学位后，继续在霍金的指导下进行量子宇宙学的研究。2006 年，霍金决定将全部科学著作的中文简体版交由湖南科技出版社出版，包括他离世前的最后著作《黑洞不是黑的》。而那一年吴忠超带给霍金的生日礼物，是一面由湘绣大师耗时 70 天精心制作成的双面绣像，上面写着："黑洞辐射贯通量子引力信息，无边界律驱动宇宙无中生有。"

这句话概括了霍金一生最主要的学术成就。更为可贵的是，霍金将自己的学术成就以一种更为浅显的方式，完成了对年轻人的科学启蒙。霍金在他的惊世之著《时间简史：从大爆炸到黑洞》中，从研究黑洞出发，探索了宇宙的起源和归宿，解答了人类有史以来一直探索的问题：时间有没有开端？空间有没有边界？许多中国人正是通过这本书开始了解霍金。

1992 年，吴忠超将霍金的《时间简史》翻译引进中国，当时还有一则感人的故事，就是渐冻人小王收到霍金给他的回信。2008 年，满怀憧憬的大学毕业生小王被确诊为渐冻症患者。一夜之间，他就被"锁"在了轮椅上。到 2010 年，小王就仅有右手食指能动了，同年 5 月，他通过眨眼的方式让妈妈帮忙挪动鼠标，花了三天时间，给霍金写下了一封 800 字的长信。

他在一位记者的帮助下，打通了霍金助理的电话。助理告诉小王，霍金每天都会收到很多来自世界各地的信，一般情况下，都是助理帮他回复。但在听完小王的情况后，当时霍金决定亲自给他回信。这不是霍金第一次表达对渐冻症的关注。2014 年，72 岁的霍金由家人代为接受冰桶挑战。在视频中，他呼吁人们都来支持慈善组织"运动神经元病协会"。

"无论如何，不幸的生活有其相似性，但总有事情你能够去做，并且你也可以做得很好！只要有生命，就不该放弃希望。"霍金用同为渐冻人特有的方式，写下给小王的回信。

在身体一点点丧失功能的 8 年里，霍金的回信陪伴着小王。如今，他已出了两本书。2018 年 3 月开始，小王的身体状况越来越不稳定，一直在医院治疗，除了眼睛以外，全身已不能动，呼吸也要靠机器维持。他是霍金在中国之行中激励青年的典型，也用自己的实际行动鼓舞和激励着世人。事实上，《时间简史》自1988 年首版以来，被翻译成 40 种文字，销售量达千万册，成为全世界最为畅销的一本科普著作。

霍金在青少年群体中掀起了一股近乎狂热的科普浪潮，人们从来没有像现在这般对宇宙充满好奇。

殊途同归

现代量子宇宙学认为，整个宇宙是由一个果壳状的瞬子演化而来，果壳上的量子皱纹包含着宇宙中所有结构的密码。从广义上看，粒子、生命和星体的处境都和果壳相似，尚不清楚的是它们中有哪些自认为是无限空间之王。在对人类演化的情感上，艺术和科学是相通的。

霍金对于中国的意义有专家认为："霍金和他的《时间简史》使得今天的中国公众中有这么多人知道黑洞、大爆炸、奇点这些概念；他的残疾之躯和取得的成就让人们更深刻地体会到什么是真正的科学精神；更重要的是，霍金让中国年轻一代对深邃的宇宙产生更大的兴趣，他在呼唤更多青少年加入到科学研究的队伍中来。"

　　霍金的观点对于"宇宙是不是上帝创造的"这个问题来说，其实是老生常谈。因为他的前后两种观点，都是别人早就反复陈述和讨论过的。霍金本人在《大设计》中也没有否认这一点，查阅该书第二章，霍金花去了不小的篇幅回顾先贤们在这一问题上表达的不同看法。比如书中提到，开普勒、伽利略、笛卡尔和牛顿等人就认为自然法则是上帝的成果。

　　而与这种观点相反的是，后来的法国数学家拉普拉斯则排除了出现奇迹和上帝发挥作用的可能性，他认为给定宇宙在某一时间所处的状态，一套完全的自然法则就充分决定了它的未来和过去。霍金选择站后者，他说，拉普拉斯所陈述的科学决定论是"所有现代科学的基础，也是贯穿本书的一个重要原则"。

　　霍金根据科学来论证宿命论，他在"宇宙是不是上帝创造的"一说中，联想到了中国的老子。我国春秋时期老子的哲学作品《道德经》，主要论述"道"与"德"："道"不仅是宇宙之道、自然之道，也是个体修行，即修道的方法；"德"不是通常以为的道德或德行，而是修道者所应必备的特殊的世界观、方法论以及为人处世之方法。

　　"道"是有形的"物质"，是创造一切的无形无象、至虚至灵的宇宙根本。"道"是先天一炁，混元无极，"道"是其大无外、其小无内、至简至易、至精至微、至玄至妙的自然之始祖、万殊之大宗，是造成宇宙万物的源头根本。而量子和宇宙是人类认知尺度的两个极端，一个极小，一个极大。

《道德经》开篇就指明：无，名天地之始；有，名万物之母。这就是一种朴素的宇宙"无中生有"的哲学思想，和现在的宇宙起源理论不谋而合。无中生有，是不是太玄妙了？现代与老子思想不谋而合的宇宙起源理论是谁提出来的呢？那就是霍金。作为当代科学家与科普作家，霍金坐在轮椅上的形象已经被每一个人所熟知，他是身残"智"坚的典型代表，虽然身体不能动弹，却拥有一个异常活跃的大脑，而且这个大脑思考的还是人类的永恒之问：宇宙是如何起源的？

在宇宙开始的那一刻，空间和时间都不存在，宇宙的开端是一个"无"的状态！《道德经》斩钉截铁地宣称"无"就是天地的开始。老子说："无，名天地之始""天下万物生于有，有生于无"。老子所说的"无"就是这种真正的无，不仅一无所有，而且时间和空间都是"无"。这同霍金的模型所推导出的宇宙的初始是完全一致的。

在绝对时间宇宙观失效之后，进一步发现的宇宙符合量子力学和相对论。而量子力学和相对论中分别有一个基本原理，那就是不确定性原理和光速恒定原理，他们就成为霍金所描绘的宇宙的特征。而《老子》之中有关不确定性原理和光速恒定原理的描述将使人大开眼界。量子力学中的不确定性原理是，一个基本粒子的位置、速度以及质量，这三个参数不能为零，只能混在一起来说，三者的乘积要大于等于普郎克常数。当基本粒子的内秉质量为零时，就成为光，而光遵循光速恒定原理，即不管观察者运动多快，他们应测量到一样的光速。

老子说，看不见的叫"夷"，听不着的叫"希"，抓不住的叫"微"。这三个不可能追究到底，所以要混而为一。这描述的就是不确定性原理。"其上不皦，其下不昧"，它上面不亮，下面不暗，描述的是微观粒子的不确定性。"绳绳兮不可名"，是光的波粒二重性。量子力学论证微观粒子和光一样也具有二重性，只不过微观粒子有质量，而光没有质量，所以对于微观粒子也是"名可名，非常名"，纷纭不绝无法命名了。

然后，"复归于无物，是谓无状之状，无物之象，是谓惚恍"。当基本粒子的内秉质量为零时，基本粒子就是光。因此，"无状之状，无物之象"是对光的描述，光的典型特征是波粒二重性是无物之象；粒子无法确定其速度和位置，所以是无状之状。老子的"光"叫"惚恍"，惚恍是光一闪一闪的状态，光的闪烁意味着光的传播，就是光速！在物理学家们的发现中可以得知恒定的是光速而不是光本身。而后老子描绘了"惚恍"的特点："迎之不见其首，随之不见其后。"

迎着它看，看不到它的前头。跟着它看，看不到它的后面。老子所描述的惚恍与物理学家描述的"不管观察者运动多快，他们应测量到一样的光速"，有异曲同工之妙。老子精辟地阐述了不确定性原理和光速恒定原理。但是这并没有结束，他接着说："执古之道，以御今之有。能知古始，是谓道纪。"而以霍金的原理"不确定性原理和光速恒定原理"来观察、理解今天这个正在膨胀的宇宙，从而推导出了宇宙起始点。这真是以科学论证的殊途同归。

霍金确定了解释宇宙的物理学定律，用量子引力学很好地解释了今天这个正在膨胀的宇宙。霍金还找到一个证据，就如同当年，爱因斯坦预言光线偏折从而验证空间弯曲一样：那就是像宇宙之初那样的物质高密度点可能存在于我们今天的宇宙之中，他把这种物质高密度点称为"黑洞"，就是物质被高度挤压而存在于一个极小的尺寸里。当今，绝大多数物理学家都已接受了霍金的黑洞蒸发理论。如果说半个世纪前人们还对黑洞的存在心存疑虑，那么现在这个疑虑已经烟消云散了。可惜的是，太阳质量数量级黑洞的温度只有百万分之一开左右，被淹没在宇宙微波辐射之中。

霍金的研究对象是宇宙，但他对观测天文从不感兴趣，只有几次用望远镜观测过。与传统的实验、观测等科学方法相比，霍金的方法是靠直觉。"黑洞不黑"这一伟大成就就来源于一个闪念。

在 1970 年 11 月的一个夜晚，霍金在慢慢爬上床时开始思考黑洞的问题。他突然意识到，黑洞应该是有温度的，这样它就会释放辐射。也就是说，黑洞其实并不那么"黑"。

这一闪念在经过 3 年的思考后形成了完整的理论。1973 年 11 月，霍金正式向世界宣布，黑洞不断地辐射出 X 光、伽马射线等，这就是有名的"霍金辐射"。而在此之前，人们认为黑洞只吞不吐。从宇宙大爆炸的奇点到黑洞辐射机制，霍金对量子宇宙论的发展做出了杰出的贡献，获得了 1988 年的沃尔夫物理奖。

霍金是一个身患绝症的人，尽管他在研究领域里表现出了天分，但远没有引起学界的重视。实际上他一直摇摆于生活的两个极端：一端是明亮的、愉快的公开面孔——奖章、名誉和赞美，另一端是黑暗的、绝望的私下形象——瘫痪、焦虑和紧张。

有谁真正了解过大师们的内心世界？公众看到的往往只是荣誉的光环里那个让人敬仰的学者、天才和伟人，谁会去细想在平常日子里，他也是一个人，一个并不完美的人。看一个伟人，满眼看到的是那些令人心动的辉煌时刻；看一个凡人，满眼都是平常日子。激情、荣耀、仰慕都只是短暂的，长久的是每一个平常的日子。

那么，是什么样的生活造就了霍金传奇的一生？

这还得从这位"天才"的童年说起。

第二章

他与父母

霍金的父亲弗兰克出生于英格兰约克郡的一户农家。他的曾祖父约翰·霍金曾是一位富庶的农人，购进了许多农场，但在 20 世纪初农业不景气时破产，他的祖父罗伯特也面临破产。幸运的是，曾祖母在巴勒布里奇拥有一幢房子，她在那里教一些学生，有点微薄收入。这样，霍金的父亲得以去牛津大学学习医学，还获得过一系列奖学金和奖金，除去花销，还能节余一些钱寄给祖父母。后来，弗兰克进入热带医学研究领域，在 1937 年旅行到东非做考察研究。

1942 年出生

　　霍金的一生都在轮椅上度过，他最大的心愿就是能让"时间倒流"，回到自己健康的时候，回到自己拥有快乐的时候。他生于 1942 年 1 月 8 日，正巧这天也是天文学家伽利略去世三百周年的忌日。出生时，谁都没有料到，他将成为世界一流的科学家和思想家，堪与伽利略齐名。

　　他出生时的世界，正被第二次世界大战笼罩着。战火的硝烟弥漫着整个世界，生命也因此变得脆弱。上一秒还是鲜活的人们，下一秒可能陷入无法再睁开眼的恐怖之中。无情又残酷的统治者们，制造了残忍的一切。现在看来，也许失去健康是痛苦的事，在战争面前，随时都将失去生命，那才是更加不幸的事。

　　但当时的战火并没有蔓延至英国牛津，英德两国政府曾达成协议，互不轰炸对方的著名大学所在地，如英国的牛津、剑桥，德国的海德堡等。牛津成了当时的避风港，相对来说比较安全，除了隐藏在城市角落的那些伪装起来的军事设备外，那里的一切都安然有序。

　　激烈的战争在带来死亡的同时，无法阻止新生命的诞生。那时霍金的母亲已全然忘却了世界上的战火，一心想着自己孕育着的小生命。她只在乎自己日渐隆起的肚子里将生出一个多么可爱的孩子。腹中胎儿并不知道什么是战争，它依着母亲的身体逐渐生长着。

　　霍金的母亲怀着家庭的希望，在战争中惶恐地生活着。在生下霍金前，他的父母仍住在伦敦北部郊区的海格特，伦敦和海格特的其他地区以及英国南部的一些地区经常遭到德国空军的袭击。就在前不久，就有一枚不知从哪里发射出来的炸弹在离他们家不远的地方爆炸了，把路面炸出了一个巨型大坑。

　　在这样生命随时都将受到威胁的环境中，他们决定搬到牛津去生孩子。牛津作为安全地带，能免除他们安全生下娃儿的忧虑。德国人同意不轰炸牛津和剑桥，以换取英国人不轰炸海德堡和格丁根的承诺。有了这样的承诺，住在除此以外城市中的人，就难免遭受战争的迫害。也就是说，其他的文明将可能被破坏。

事实上，英国在那时的欧洲战场上，一直是中坚力量。由于地理位置非常重要，正好扼守了德国的门户，不管德国人怎么在陆地上纵横驰骋，只要英国还在，就始终没有办法向海洋迈出一步。可惜，承诺互不攻击的范围不能被扩展到海格特。拖着孩子快要降临的身体，霍金的母亲不得不选择在牛津避难和产子。

他的母亲出生于苏格兰的邓福姆林，是一位家庭医生的 8 个子女中的老三。家中最不幸的是大姐，患有唐氏综合征，她独自与保姆生活到 13 岁时便去世了。在霍金母亲 12 岁时，举家迁至南部的德文。那时的家庭条件并不宽裕，母亲和父亲的家庭一样，都没能达到中等生活水平。

尽管如此，母亲的家庭并不放弃教育，他们设法把霍金的母亲送到牛津上学。在 20 世纪的 30 年代，她的家庭还无法承受上大学的费用，有人还来吹耳旁风，说送女儿去上大学是浪费钱。可有魄力的父母最终还是支持她上了牛津大学，学习经济与哲学专业，并获得了优异的成绩。

在接受了牛津大学的教育后，霍金的母亲从事过不同职业，为了减轻家中的经济负担，做过她不喜欢的税务稽查员，后来还断断续续做过一些她不是很满意的工作，最终放弃了那些没有太多意思的活儿，到汉普斯特德一家医学研究机构当了秘书。对于这份秘书的差事，她比较喜欢。虽然看上去似乎没能发挥出她的才能，但在这里她遇到此生最爱的人，就是霍金的父亲弗兰克。

我们都不知道何时自己的命运就会被改写，也无法知道，自己在何时何地能遇到什么样的人，可能遇到的都是陌生路人，也有可能遇到此生一起相依相伴的人，霍金的父母就是那么巧合地在一起工作，相识后相爱。

霍金的父亲弗兰克是约克郡人，曾祖父是一个富裕的农场主，他曾买下大片的农场，但到了20世纪第一次世界大战后，农业进入了大萧条的时期，他家不得不宣告破产。眼睁睁看着被消耗殆尽的产业，他只能无奈地叹气，同时吸取了教训，要让孩子们走出农田，去寻找不同的生活方式。

这是曾祖父当时做得最明智之举，选择帮助孩子们完成他们的学业，虽然家庭的经济早已是捉襟见肘，破产使得弗兰克的父母日子很不好过，但他们仍然节衣缩食，送弗兰克上了牛津大学。毕业后，弗兰克从事热带病的研究。

在1937年第二次世界大战爆发时，弗兰克去了东非，他正在非洲进行热带病的研究。年轻的他有着救死扶伤的愿望，天生善良的弗兰克在听到战争爆发的消息后就决定启程返回英国，当时他只听到一种声音，就是"祖国召唤"。

横贯大半个非洲，他才能再次乘船回到英国。回国后，他主动要求参与到战斗中，鉴于他身为科研人员，请求未被批准。而满怀愿望要去往前线的他，最终留在了汉普斯特德的一家医学研究所，从事医学的科学研究。因为对于当时而言，他当研究员更有价值。

在这家医学研究所，经历了各种刺激惊险的旅程的弗兰克，吸引了众人的目光，也赢得了倾慕他已久的爱神的眷顾。他遇到了自己的知心爱人，就是霍金的母亲，这家研究所的秘书，两人一见钟情。爱情来时无声无息，只有相爱的两个人心里清楚，是谁在撩拨对方的心弦。美丽的爱情和美丽的梦一样，都是可遇而不可求的，常常在最没能料到的时刻出现。

坠入爱河的两个人，回忆起都曾上过的牛津大学，但他们并没有在牛津相识。因为弗兰克比霍金母亲上大学要早，且研究的主要领域是医学。两人相识是在弗兰克回国后。有时百转千回地寻觅，那个爱人就在灯火阑珊处。结婚、组建家庭对于年轻的他们来说，是新奇和幸福的。他们似乎忘记了，世界正处于战争之中，以及战争带来的诸多不便，特别是在等待第一个孩子的降临时，更是给这对新婚夫妇带来了不一般的喜悦和紧张。

当时，免于战火的牛津显得与众不同，街道与房屋都有些拥挤。人们在这里惶恐地生活着，这里成了英国人最后的避难所，却无法久留。就在这一年的 1 月 8 日，一声啼哭响起，史蒂芬·威廉·霍金出生了。

这给他俩带来了莫大的喜悦，这是他们的第一个孩子，也是这些年来他们相爱的结晶。两周后，被带回伦敦的霍金，用懵懂的眼睛打量着这个陌生的世界，完全不知道这个世界上所发生的一切。

戴着眼镜的父亲弗兰克，从摇篮里轻轻抱起霍金，俯视着这个刚刚降临人世的小生命，怔怔地看着闪着洁净光辉的小脸蛋。那双大大的澄澈眼睛，一会儿变成妩媚的月牙，一会儿又睁大凝望着空中某处。忽然一个转瞬即逝的笑容，如同在弗兰克的心里绽放了一朵鲜花。

他情不自禁地亲吻着婴儿的小脸蛋，嗅着婴儿身上清甜的奶香，倾听婴儿时急时缓的呼吸，观察吸奶时腮帮子强有力的鼓动。孩子有着圆圆的脸蛋，和自己一样柔顺的棕色头发。高挺的鼻梁下是一张粉嘟嘟的小嘴，别提多可爱。只要看到婴儿粉扑扑的小脸，辛苦与疲惫都会一扫而光。

从孕育生命到婴儿的出生，每一个细微变化都牵动心扉，令人感受着生命的神奇，体会着做父母的不易。看着这个小生命一天天地成长，这不仅给弗兰克夫妇带来了希望，还有初为父母的那份喜悦，同时也让周围的紧张气氛，以及任何不如意的事都烟消云散了。

生命中有许多的未知巧合，在中国就称之为"缘分"，而在英国更多的人认为那是一种"幸运"。弗兰克幸运地遇到了爱人，生下了他们的孩子。可他们并不知道这个婴儿在以后的成长道路上，将遇到的非比寻常的艰辛，但有一点可以确定，那就是他们都有对待生活的热爱。

命运不会辜负一个人的努力，但人生也不会一帆风顺，每个来到这世上的人，都要走一条叫作"艰辛"的道路。这不过是在考验人的意志，也许一路上会被荆棘绊倒而停滞，或是从高处坠入深渊。千万不能屈服于命运，不然终将一无所成。刚开始，谁都不知道这个叫霍金的婴儿在长大后能用自己的意志对抗命运，并证明自己存在的价值。

在此引用霍金的自传《我的简史》中的话："我出生于1942年1月8日，正是伽利略去世三百周年的忌日。然而，我估计这一天出生的大约有二十万个婴儿，但我不知道他们之中是否还有其他人后来对天文学感兴趣。"

意大利科学家伽利略改变了人们对物质运动和宇宙的认识，以系统的实验和观察推翻了纯属思辨传统的自然观，开创了以实验事实为根据，并具有严密逻辑体系的近代科学，而霍金却改变了人们对于宇宙的认识。他后来声称，要带着人类飞入未来的时光机在理论上是可行的，所需条件包括太空中的"虫洞"或速度接近光速的宇宙飞船。他提出的无边界设想的量子宇宙论，解决了困扰科学界几百年的"第一推动"问题。

可他觉得自己的出生，没有什么特别之处。他的父母都毕业于牛津大学，他俩对牛津有着特殊的感情，对怀中所抱嗷嗷待哺的婴儿——霍金，也寄予了无限的希望，希望他长大后能够进入牛津大学学习，因为那里能培养出人才。

他们对学术研究也有着特殊的情怀，也许这就是造成日后霍金有所成就的最大因素。但可恶的战争还在世界上蔓延着，英国也遭遇了前所未有的战乱。防空警报夹杂着人们的惊恐之声，不见日月的人们躲避在下水道的防空洞中，为的是苟活下来。

德军的战斗机时刻在伦敦上空盘旋，炸弹就落在伦敦北郊海格特的周围，不间断的爆炸声震醒了每个夜晚。人们已无法再安然入梦，此时的危险不言而喻。弗兰克夫妇还没有从未来的憧憬中醒来，他们邻居的房屋就被一枚德军的火箭炮击中。受到重创的屋子就像被切断气管的生命垂危者，摇摇欲坠。在战争中，人的生命就是如此不堪一击。

幸好，上天对他们一家还是有所眷顾。火箭炮袭击时，全家人都在防空洞中，从而躲避了此劫难，只是他们的房屋遭到一定程度的破坏。俗话说："大难不死，必有后福。"看着在战争中死去的那些人，霍金一家对生活有了新的认识，他们对待生命也有了新的体会。

　　霍金刚出生就受到了战争的威胁，只是由于幸运，他才没有成为战争的牺牲品，却不知二十年后对他产生威胁的是另外一种可怕的"病毒"，它将夺去他健康的身体。

同胞弟妹们

在霍金出生一年半后，他妹妹玛丽也出生了。这个妹妹的降生，使得全家人又一次处于紧张之中，因为霍金与玛丽的年龄差距太小，而且不好照顾，两个孩子在一起玩耍又互相争吵，这使得他的父母更觉得生活压力巨大。就像很多家庭所遇的情况一样，孩子在一起总是争斗，仅为争得父母多一点的关注。

经历战争洗涤后的弗兰克一家，对孩子们生出另一种怜惜之情。假如那次空袭的火箭炮击中的是自己家，假如那天全家人都在屋内，假如生命能重新开始……这样的假设实在太可怕———一切失去的东西如果都能回来的话，那就不可能有那么多懊恼的人了。

　　劫后余生，他们只有更加珍惜生命。后来，他的父母又收养了一个战争中的孤儿爱德华，成为霍金的弟弟。霍金还有一位妹妹菲利珀，与他相隔 5 岁，是一个脾气较急、悟性很高的小孩，而霍金也更偏爱这个小妹，总是尊重她的判断和意见。

　　好在不是太和谐的童年很快过去，学习医学的玛丽在成年后成了一名父亲期望的医生，这让父亲无比骄傲。而弟弟爱德华是完全非学术、非智力型的孩子，也许没有血脉的相传，爱德华与其他哥哥姐姐都不一样，在学习上不是那般突出，但天生有一副好人缘。虽然有时爱德华看起来好像很难缠的样子，可还是得到了很多人的喜欢，在他身上有一种真诚与天真。可惜的是，在 2004 年，他离奇地去世了，据称是死于烟雾中毒。

　　霍金的记忆力惊人，他在 2014 年出版的自传《我的简史》中，回忆了他童年的生活，其中他如此写道："我和他们其他三个孩子非常不同，最早的记忆是站在海格特的拜伦宫学校的托儿所号啕大哭。我周围的所有小孩都在玩似乎非常美妙的玩具，而我想参与进去。但是我只有两岁半，这是我第一回被放到我不认识的人中间，我很害怕。我认为我的父母对我的反应颇为惊讶，因为我是他们的第一个孩子，而且他们依从儿童发育教科书，书上讲孩子在两岁时就应该准备开始社交。不过他们在这个可怕的上午之后就把我带走，在一年半的时间里不再把我送回拜伦宫。"

　　"二战"时期以及战后不久的海格特，是一些科学家和学术界人士居住的区域，整齐划一的连排别墅掩映在高大的行道树后面，绿色植物的围栏显得规整又美观。霍金曾对父母抱怨说，他所读的那所学校从未教他任何东西，因为拜伦宫的教育者们不相信那时被认可的灌输教育法。在拜伦宫学习的霍金，到 8 岁才学会阅读，而他的妹妹 4 岁时就能阅读，她是被更传统的方法教会的。

　　由此可见，霍金的童年充满了对外面世界的恐惧，他较为内向又喜欢沉浸于自己的内心世界，这阻碍了他对于外界的认识。他从小就讨厌社交，就算是进托儿所这样平常的事也用孩子的力量，就是"哭"来反抗。仅有两岁半的他，还不能完全清楚家庭以外是个怎样的世界。这和他后来研究地球以外的世界，表现得截然不同。

　　幼年的孩子最怕的就是"失去"，有了妹妹后他怕失去父母的爱，而送他到托儿所则害怕失去家庭的爱。所以他要反抗，这一点在他后面的婚姻生活中也有具体的表现。他害怕失去一切，要不遗余力地争取每个能获得的生存空间。而且，他一生都是这样做的，热爱着这个世界，以及这个世界上的每个生命，就算到了自己最后时刻也不放弃希望。

　　最初，他们都住在伦敦以北的海格特，霍金有两个妹妹玛丽和菲利珀，那时弟弟爱德华还未被收养。霍金的父亲弗兰克被任命为国立医学研究院寄生虫部的主任后，父母在战时以极为便宜的价格，买下了一幢房子。因为当时很多人都认为伦敦会被德国的炸弹夷为平地，房子的价格很低廉。一家人住在一幢又高又窄的维多利亚式的房子里。

孩子们给一家人不仅带来了欢乐与希望，同时也带来了教育的烦恼。玛丽很会讨父亲的喜欢，在家庭中的地位一直在霍金之上。他这位哥哥连说话的分量都不如玛丽，在孩子间发起游戏或是别的活动，玩到最后霍金总会说："好吧！都听玛丽的安排吧。"

有一年的万圣节，在玛丽的建议下，孩子们分别精心装扮后出门讨要糖果。霍金想从广场人多的地方开始，而玛丽则一出门就开始挨家挨户地敲门。两人意见相左的时候，霍金只好忍让着妹妹们。他喜欢小妹妹菲利珀，性格与玛丽完全相反，她机智又聪明，而且时常我行我素。霍金和她合起来的智慧能抵抗住玛丽的主见，菲利珀常说的一句话就是："我们来投票决定。"结果可想而知，二比一。

曾有人专门对家庭中的子女和兄弟姐妹中谁更聪明进行过调查。研究采用"家庭间设计"和"家庭内设计"两个大数据，结果几乎相同。经过分析英国、美国和德国的近两万个家庭发现，条件较差的家庭通常有更多的子女，这也就意味着排行靠后的人，往往也是家庭条件较差的人。研究显示，出生顺序的确会影响一个人的智力，第一个出生的孩子有 52% 的概率比第二个出生的孩子有更高的智商，以此类推。换句话说，老二有 42% 的概率比老大聪明。老大成为最聪明的孩子概率更高——这跟以往的研究结果一致。

当然，其他潜在因素也可能产生影响，首先是年龄，因为老大总是比老二、老三年长，而年龄会对性格产生一定影响。在美国和德国的调查数据是跟踪式调查，就是对同一受访者在不同年份进行多次调查，由此了解每一个受访者在不同年龄阶段的性格，采取统计学方法，利用标准化年龄来得到一个消除年龄影响的性格指标的分数。

至于性格，在这项研究中表明，出生顺序对于"外向性""情绪稳定性""宜人性"和"尽责性"四项指标上都没有显著性的影响。就"开放性"而言，家中兄弟姐妹中年长者的"智力开放性"指数更高，所谓"智力开放性"，体现在问卷上是"我学习新事物很快""我很乐意学习新的知识"。

研究中又进一步把实际智商作为一个控制变量，结果出生顺序对智力开放性的影响作用减小了，但仍存在显著的影响。得出的结论是出生顺序会影响智力，但除了"智力开放性"，出生顺序对孩子的性格几乎没有影响。如何解释兄弟姐妹因出生顺序而造成的智力差异？该理论假定家庭资源是一定的，子女数越多，平均每个子女所获得的资源越少，因此大家庭的孩子较不容易取得成功。由于老大拥有一段没有弟妹的生活，所以相对弟妹而言获得的资源较多，也就更容易获得学业等方面的成就。

根据这个理论可以推断出，排行老大的霍金比他的妹妹弟弟们都要聪明。事实上，霍金在童年的时候，经常在弟妹面前扮演老师的角色，这也就渐渐促成孩子之间不同的自我认知，就像霍金是老大、老师、兄长、年长者的形象。他会与弟妹们进行比较，弟妹在发育上的落后，会导致家中孩子年长者过高估计自己的智力和能力。

这种对自己智力的自信会转化为智力上的真正优势，心理学中早已有诸多理论来解释一个人的自我认知如何影响其行为和表现，霍金就是一个非常好的例子。

一切从好奇开始

　　霍金的父亲弗兰克是热带病研究员，所以他每年都要去非洲度过几个月。父亲一离开，家庭的重担就压在了霍金母亲的身上。家里孩子一多，这位母亲只好放弃自己的事业，全心全意地照顾起了这个家庭。她对孩子的教育不仅设定进牛津大学的目标，还言传身教。

　　"没有种不好的庄稼，只有不会种庄稼的农夫；没有教不好的孩子，只有不会教孩子的妈妈。"做好母亲不仅要有爱，还要是孩子的好朋友、好老师和成长道路上的引路人。霍金母亲就做到了这一点，首先她是牛津大学毕业，有着良好的自身素养，在几个孩子间，她也有自己的育儿智慧，并不偏袒哪个孩子，也不包庇他们的过错。对于孩子的好奇心，她极力鼓励去探索。

虽然无法为孩子设计以后的人生路，但可以提前规划孩子的学习之路，这样能成功的概率相对要高些。霍金母亲就是从小事挖掘霍金的潜力，并加以引导、培养和塑造，让他成为一个优秀的、心理健康的、不怕困难和挑战的人。所以孩子的平凡与否不是孩子自身的差别决定的，而是由母亲的差别决定的。母亲将影响孩子的一生。

年龄相仿的妹妹对霍金的成长也有影响，让他学会如何忍受不公，也许这就是他对于"和平"的理解，以及孩子之间的交往让他学会了对身边事物的一切进行容忍。经历过了战争，他每天都感谢上天带给他的幸运，故而养成他性格中积极乐观的一面。

父亲弗兰克在霍金三岁的时候，送给他一个从美国带回来的玩具火车作为圣诞礼物。那一年的圣诞节，霍金的母亲得到了一双新颖的女式透明"玻璃丝袜"，这是新产品，英国还没有生产，现在看来是普通的女式尼龙丝袜，可在当时却是时髦货。妹妹玛丽得到一个躺下就能闭上眼睛的"洋娃娃"，这个会眨眼睛的婴儿式玩偶给玛丽带来了无限的快乐，抱着它梳妆打扮，随时都能玩"过家家"。

处于战争时期，玩具在英国的市场上几乎找不到，而霍金得到的发条小火车还带一个八字形轨道。对于模型火车他十分着迷，也许潜意识里每个男孩都有向往远方的梦，所以那光滑的铁轨和充满节奏的哐当之声，以及悠长的汽笛都是远方的象征。

一坐上火车就像是要经历离别，霍金的父亲弗兰克由于工作关系时常要去非洲，那么每一次离开家就是一次不得不去面对的离别。火车在当时还有另一种意义是"先进"，也是工业发展的代表。霍金就是喜欢机械制造业，他对一切新奇的事物都很好奇。还有他喜欢火车也是不想父亲离开，而弗兰克也像是明白三岁的霍金心思那般，临行前给霍金用木头制作了一列形状像火车的玩具。

当时这个小男孩心里一定在想："火车是怎么开动的呢？"由于这样的问题困扰着他的小脑袋瓜，令他对拥有一列能动的火车充满了欲望。特别是当他花费几个小时观看海格特附近克劳奇恩德的火车模型俱乐部的设计后，这个欲望越发强烈。

这年的圣诞礼物就是霍金朝思暮想的会动的小火车，就在打开礼物包装盒的那一瞬间，激动的他几乎大声尖叫。这真的是一列可以开动的小火车。车身上是父亲弗兰克精心修理后，喷上的金色油漆。材料是铸铁制成的，小火车旁边有一个带发条的装置，用力按动它后再放开，小火车的轮子就会向前转动。

这发条火车就是利用一根长长的、卷起来的钢条来运行。那钢条位于中心，一端固定在一个可以转动的轴上，外围的一端则固定在一个不能移动的柱子上。当发条被卷紧的时候，储存了弹性势能。由于外围的那端已经固定住了，发条只能通过让中心的轴旋转来达到变松的目的。在这一过程中，弹性势能被释放，而中心的轴就借此旋转了起来。

有了能动的小火车，霍金的愿望并没有因此而得到满足。因为这辆需要上发条的机械火车总是运转不灵，玩着玩着就会卡壳。不过对于3岁的他来说，已是莫大的欢喜了。可他心中一直有那股子的不满足，直到长大一点后，他才彻底明白事物运动所需要的动力是种什么东西。

自从看过克劳奇恩德的火车模型后，霍金十分渴望有一个能自己跑不用上发条的电动小火车。这电动火车，就是霍金梦寐以求的玩具。他就是想知道电动小火车是怎么动起来的，特别是内部结构，是否有什么神奇力量在驱动着它前进，这是一个小男孩想要求知的愿望。

终于在无法按捺住心中这个想法的时候，他做出了一件让父母吃惊的事，不过他没有将经过告诉父母。霍金偷偷地将自己的零花钱一点点攒起来，当金钱数够买一列电动小火车时，他立即将它们全部取了出来，去买了一列四节电动火车。有火车头和两节装着货物的车厢，还有一节是仿真的列车车尾，同时还带有圆形的轨道，这电动火车所有的外形，都仿制最新型火车制造。

霍金偷偷购买来这件心爱的玩具，冒着极大的危险。但这是件藏不住的事，最终还是被他的父母知道了。可霍金买电动小火车是为了解开心中的疑惑，而非贪图虚荣。在知道实情后，母亲并没有怪罪他，而是想了一个办法教育他。

她先夸赞霍金的小火车买得好，但又说明乱花零花钱的不对，特别是还隐瞒其用途。怕父母知道后会怪罪，所以故意隐瞒，这样做往往会适得其反，不如坦坦荡荡地与父母商量，先提出自己的想法，然后再行动。

这列费尽周折买来的电动火车没过多久就无法正常行驶了。为此，还是个孩子的霍金感到十分沮丧，父亲不在身边，他想自己能动手维修这列火车，就又花钱买了个新的电动马达，经过拆换后还是未能使这列电动火车正常跑起来。

还是个孩子的他十分单纯，当时他觉得买某种东西是一种特权，如果东西有毛病只得自认倒霉，也没有想到要拿去商店里更换一个新的。男孩们似乎都有些固执，越是做不到的事情，就越是要去尝试。霍金就不像他的妹妹那般心安理得地接受挫折，也不喜欢接受别人的建议和帮助，他认定了一件事，想要强迫他改变主意，简直难于上青天。

从小火车事件就能看出，霍金从小就比较有性格，不随波逐流，无论身边的人如何影响，都不能对他产生威胁。不是缺少顾虑，而是想得到的东西对他而言，实在太有诱惑。由于霍金的固执性格，也使得他对待事物都较专一和专注，并在很短的时间内掌握知识和技术。

霍金在自传中坦言："我对宇宙学的探索满足了这个需求。如果能理解宇宙如何运行，在某种程度上，就控制了它。"可当霍金一边玩耍一边抱怨海格特的教育对他没起到任何作用的时候，他们全家人就要搬离海格特去圣奥尔本斯了。

第三章

另类知识分子

霍金父母为度假买了一辆吉卜赛人的大篷车，把它安放在奥斯明顿米尔斯的场地上。其地邻近韦茅斯，在不列颠南海边上。原主曾把这大篷车装饰得异常华丽。他父亲将它全部漆成绿色，使之不那么引人注目。这大篷车上原有一张父母睡的双人床，下面有给孩子们睡的密柜，但霍金父亲把军队备用担架改成了带梯子的双层床，而他们睡在隔壁的军队备用帐篷中。

住在圣奥尔本斯

一场如约而至的大雪覆盖了霍金一家在圣奥尔本斯的房子。

1950年，由于霍金父亲的工作地点从海格特附近的汉姆斯特德搬到位于伦敦北面边缘的米尔山的新建国立医学研究所，所以全家人都搬迁到圣奥尔本斯生活，这一年霍金8岁。

圣奥尔本斯是地处偏僻的小镇，距离伦敦中心约20英里。整个小镇以一座中世纪钟楼的大教堂为核心，紧挨着维鲁拉米恩古罗马城市废墟。在罗马帝国占领不列颠时期，它是重镇，也是不列颠仅次于伦敦的最重要的罗马人定居地，它在中世纪拥有过全不列颠最富有的修道院，环绕着圣奥尔本斯的"圣陵"修建。

修道院遗留下的一切就是非常大且相当丑的教堂和陈旧的入

口建筑物，后者是霍金后来入学的圣奥尔本斯学校的一部分。与圣奥尔本斯和海格特或者哈彭登相比，圣奥尔本斯有点乏味和保守。用霍金好友的一句话形容就是："圣奥尔本斯是个骄矜的地方，它力争上游，但又让人感到无法呼吸般的可怕。"

霍金的父亲在圣奥尔本斯的希尔赛德路 14 号，买下了一幢三层维多利亚式的别墅，冬天屋内没有供应暖气，站在落地窗前喝一杯温暖的热咖啡是他父母最喜欢做的事。这所房子外表雅致，其实布局凌乱，还未作任何修缮。买下这房子时，霍金父母要养活孩子们，手头并不宽裕，也没有余钱对房屋重修，仅是简单地进行了维护。

屋内的墙纸脱落，后窗的玻璃破损，厨房里不出热水，花园除草机坏了，地下室里还有一群蜜蜂，霍金父母一个忙于医学研究，一个忙于照顾孩子，也顾不上这些设施的更新和照料。倒不是霍金家有多么节俭，只是他们实在不想把精力放在这些琐事上。父亲弗兰克是热带病专家，动不动就出门三四个月，工作对他而言就像氧气一样，没有什么比这更重要。母亲是研究哲学和政治经济学的，她每天除了照顾孩子，需要考虑的问题有很多，但绝不是房子装修的事儿。对他们而言，追求知识与人生价值的极致才是值得花费精力的，有闲就多动脑筋思考问题，有钱就都花在孩子读书上。空余时间全家人都用在读书上了，好在霍金的母亲喜爱清洁，屋内虽然陈旧，但也算洁净。

别墅内的房屋格局也与众不同，这房子原是为带佣人的家庭设计的，因而在食品储存室有块指示板，会显示在哪个房间有人按铃。霍金家没有佣人，那个按铃就成了孩子们玩乐的道具。霍金所住的卧室是一个狭长的小房间，曾经是女仆的房间。当时搬家时，他自己拿不定意义，就去请教了表姐萨拉。萨拉比霍金稍微年长一些，萨拉的建议是狭长的小房间可以从窗户往外爬到自行车棚的顶部，再从那里回到地面，如果霍金选择了这个房间，他们一起玩耍就变得更加有趣。

霍金家的孩子们回忆起当时的情景时，曾说："我们的家是一栋大而阴暗的房子，它就像闹鬼似的那么恐怖。在冬天早晨醒来时，房间里结满了一层厚霜。家里有一台不能正常工作的散热器，它被大厅里的一台储热器所取代。所有卧室都有火炉，但是在每间房里生火当然是不实际的，我们只在楼下生火。这整栋房子也许有点像一个大怪物。但是不管怎么说，它是我们的家，所以我们都喜欢它。"

让霍金父母选择在圣奥尔本斯定居，还有一个原因是离他的表姐萨拉家很近，她家住在哈彭登，是离圣奥尔本斯5英里的一个村庄。她家的房子与霍金家的房子十分相似。去拜访她家只有一站公共汽车的路程，两家人因此走得非常近。长大后的萨拉被培养成一名医生，并和一名精神分析学家结婚。

霍金父亲弗兰克的工作比较特殊，因为是研究热带病的医学专家，每到夏季总有几个月是不在英国的，一直到圣诞节才回来。家里人对父亲弗兰克的盼望会延续到新年，随后他又会离开家人，前往工作研究的区域。

热带病一般有各种寄生虫病、麻风病、免疫功能低下病人的机会性感染、罕见或新发现的感染性疾病。这些病都有致人死亡的可能，在研究和治疗上需要借助于实地采样和实验室研究，只有深入了解了病因才能对症下药。弗兰克经过十几年的研究，有了一些新的发现，被医学研究所提升为研究寄生虫病方面的主任。

对他而言，与其长途跋涉通勤，不如全家搬到上班的地方。在圣奥尔本斯的房子比原来的不仅大了一倍，还有一个可以任由孩子们奔跑的草坪，以及可以捉迷藏的卧室，这些都成了霍金童年记忆里难以忘怀的事情。

在这所房子里，孩子们一住就是几十年，直到1985年父亲病重时才将它出售。这是一座从未被修理过的房子，霍金的父亲就是凭着他那约克人的脾气，拒绝花钱做任何进一步的扩建，也尽力不使它老化，并不停重新上漆。这是一座非常大的别墅，而父亲弗兰克在霍金的眼中，干起这类上漆的事情又比较笨拙。还好这幢房子建造得很坚固，做得不完美的地方是可以被忽视的。

　　最能体现全家人风范的，要数家中的书房了，在霍金童年的记忆里，那里是全家人最享受的地方，围坐在书房的地毯上，各自阅读钟爱的书籍，居然都能不知疲惫。父亲爱看医学的书，母亲爱读生活类的书，而孩子们则是翻阅着一本又一本的童话书，看着那一个个令人着迷的故事。只有霍金看的书与众不同，他专门挑选一些"说明书"看，比如维修手册之类，还有物理与天文的书。

　　对于霍金一家来说，书是最显眼的财富，去他家做客的朋友都有这样感触，就是霍金一家似乎从来都没有停止过埋头读书，甚至在餐桌上也会读起书来。父子俩对书的热爱简直一模一样，偶尔遇上精彩的内容就交流几句心得。不过，谁都不知道他们在说什么，因为讨论的都是关于宇宙、哲学、世界的问题。

　　刚来圣奥尔本斯时，没有找到合适的学校，霍金直接被送到离家最近的"高等女校"，虽然这所学校叫"女校"，但它也收10岁以下的男孩。霍金这一生也没有料到，这所女校里有他的一段姻缘，只是他太小，而且完全沉浸于自己的世界里，根本没有注意到那双关注他的眼睛。

　　霍金的第一位妻子简·王尔德当时也就读于该校，她在自己的回忆录中清晰地记载着：她和同学走过霍金身边，可他始终没有抬起头看一眼，就匆匆走了。这让简·王尔德很生气。

对于教育有着高要求的弗兰克，其实并不满意自己的儿子上这样一所"女校"。所以，在"高等女校"的霍金其实只上了一个学期后就随着母亲出游，去探寻大自然了。霍金的母亲教育孩子时，并不是太苛刻，看着就好像一切都由着孩子的性子来。也正是霍金父母的奇葩"养孩子大法"，才造就了这样一个"奇葩天才"。

她的教育方针就是：养不如放。

他们也没想过要培养一个天才，然而他们追寻知识与自由的热情，以及对任何事都淡然处之的那种精神，已经浸到了霍金骨子里。有时候重要的，或许不是孩子该怎么做，而是父母该做什么。霍金的家庭环境就是父母给他树立了榜样，读书学习就是每天的日常。

父母是孩子的第一任老师。家庭环境是孩子成长的关键。霍金生长在知识分子家庭，父母都是在积极进取的人，他受到家庭的熏陶，又能通过自己的努力，不断地克服生命中的那些挑战，才能最后走上事业辉煌之路。曾经有位记者采访霍金，问及家庭教育问题："您的家庭是拥有高度智慧、非常聪明，而且非常怪异的，这个说法您认同吗？"

霍金如此回答道："对我的家庭是否有智慧，我不想做太多的评论，但我们自己肯定不认为是怪异的。我想，要是按照圣奥尔本斯的标准也许显得如此。我们在那里住的时候，那里就是个相当严肃的地方。"

在霍金的家庭中，有一点必须做到，就是孩子必须通过自己的努力考上好的大学，而且必须获得奖学金。因为当时住在圣奥尔本斯镇，作为医学专家的弗兰克还是无力抚养所有孩子上名牌大学，所以立下规矩，必须拿着奖学金去上大学，这样的"狠心"也不是一般父母能下得了的。

古怪的节俭生活

在这个古板保守的圣奥尔本斯小镇上，霍金一家几乎没有朋友。

霍金在他的回忆录中说道："这部分是我们自身的过错，由于我们的本性相当孤独，尤其是我父亲，但是这也反映了不同类别的群体，因为我在圣奥尔本斯学友的父母中无人称得上是知识分子。我们家在海格特似乎是相当正常的，但在圣奥尔本斯我以为我们肯定被认为是古怪的。"

在许多方面，霍金一家是典型的读书人家庭，有着不落俗套的气质，由于他们全是知识分子，特别是母亲热衷于各种社会活动。他的父母当时做过一些与众不同的事，比如参加集会、关心政事、不与当地人交往等。最特别的是，小镇的居民经常会惊异地看到霍金一家人驾驶着一辆破旧的二手出租车穿过街道，奔向郊外。汽车在当时尚未进入英国市民家庭，然而这辆古怪的车子却拓展了霍金一家自由活动的天地。

后来，他们又换成一辆崭新的绿色福特，霍金经常用脏兮兮的小手在上面摸来摸去，嘴角边挂着能去远方的微笑。

父亲弗兰克只要能省钱，对外表毫不在乎。他年轻时家里非常贫困，这给他留下了长久的烙印。他不能容忍花钱只图自己舒服，可父亲省吃俭用留下钱来买这辆汽车的理由却相当充分，他打算花一年的时间亲自驾驶汽车至印度，而那辆老出租车绝不可能担此重任。这个消息引起了朋友们和周围邻居的震惊，更加深了他们对霍金一家古怪的印象。

为了精心照顾这辆新买的绿色福特汽车，父亲在房子旁边加盖了一座尼森小屋作为车房。旁边的邻居认为这小屋建得不美观，有煞风景，还占用了一些绿化的部分，对弗兰克的这个行为感到不满，上门提过建议，可霍金的父亲对此行为不屑一顾，还把邻居挡了回去。

就像大多数孩子一样，霍金为自己的父母有这样不被人认同的行为而感到难为情，特别是听到邻居与其他人对着他家指指点点抱怨的时候，简直就像是对他们家的公开批判。可他们的父母却毫不在乎这些，并任由大伙议论纷纷，依然我行我素的样子，开着绿色的福特轿车进进出出，十分引人注目。

绿色福特汽车太小，一次坐不下所有人，由于这辆小汽车无法满足全家人出去度假的需要，父亲弗兰克想到了一个好点子。他们又买下一辆吉卜赛人的大篷车，把它安放在奥斯明顿米尔斯的场地上，这个地方邻近韦茅斯，就在不列颠南海岸上。有了这辆大篷车，不仅满足了出行，还可以用来当后备临时住所。

这样看来似乎省下了度假时租用房屋的费用。而孩子们也为有这辆像"房车"的大篷车而欢呼不已，车内有一张父母睡的双人床，床下有给孩子们睡的密柜，只要抽出柜子就可以成为两张双层床。霍金的父亲弗兰克还利用军队备用担架，把它改成带梯子的双层床，而他们却睡在隔壁的军队备用帐篷中。

每年夏天，就成了一家人无比期待的日子。待孩子们都放假后，霍金一家就要花上几个星期去不列颠南海边的大篷车内，度过一个无比欢乐的假期。而孩子们认为那里简直就像天堂一般，吃着冰淇淋堆沙堡，或者在海湾里游泳。清晨或黄昏，父母牵着手在沙滩上散步，看着互相追逐的孩子们，一切的烦恼都化成幸福的感恩。

有时，霍金还被允许带上自己的好友一起去。妹妹玛丽总会固执地冲霍金大声吼道："你这个破坏王！"这是她刚和菲利珀建好的沙堡，被奔跑的霍金一脚踢飞，沙子在空中划出一道完美的弧线。而毫无准备的菲利珀则成了受害者，沙子几乎要溅到她的嘴里。

见小妹菲利珀大哭和玛丽生气的样子，霍金就会忍不住大笑，这是他们男孩捉弄女孩的把戏。每当这个时候，玛丽就表现得毫不示弱，站起来跑着追赶霍金，要抓住他以示惩罚。

由于父亲弗兰克特殊的工作环境，每年都是聚少离多。他在家的时候就成了孩子们的焦点，他总能别出心裁地想出一些古怪又新奇的事情，让孩子们参与其中。比如他有写日记的习惯，无论是行走于非洲土地之上，还是关于研究的点滴心得，都成了他记录的重点，而他不仅仅是记录这些事情，还会将他写的日记与家人一起分享。

也许霍金的父亲也有一个伟大的文学梦，他将自己的经历写成了几部小说，只是没有出版。孩子们喜欢听他讲日记中的故事，特别是非洲的那些原始又神秘的事情，真是吸引人，就差一点儿感动霍金，要不然长大后的霍金也许会成为一位考古学家或是旅行家。还好他除了好奇心以外，还具有发明创造的能力。

母亲对待父亲的这些日记和写成的小说，则是与孩子们不同的态度。当她看过弗兰克用一个妇女角度写的小说后，立刻还给了弗兰克，并当即说了一句评语："简直胡言乱语！"然而，这又有什么关系，母亲的看法也影响不了父亲的创作热情，弗兰克依然会继续写他的小说。

从这一点上看来，霍金的父亲不仅仅是研究热带病的刻板专家，还是一个充满天真烂漫情怀的文艺青年。只是能懂得他这种气质的人，也只有霍金一家人了，因为在邻居或者是外人看来，弗兰克的脾气真是古怪透顶。

弗兰克有口吃的毛病，不善与人交往，特别是聊天或是说家常的时候，他总是表现出急促和不安，正因如此，他有时沉迷于自己的研究，而忘记照顾身边的家人，他对于家庭还有一点愧疚。他的孩子们直到懂事以后才知道，父亲是因为工作关系才会长期出远门的，而不是所有孩子的父亲都这样。

别人眼里的古怪举止，在霍金眼里就是有个性的特立独行，受其父弗兰克的影响，霍金也专心于自己的世界。见多识广的父亲弗兰克是个有趣的人，霍金就喜欢缠着父亲听他讲那些发生在遥远非洲的事。

弗兰克说："非洲广袤的土地上，一望无垠地空旷。夜晚，那里的星星特别亮。"

"父亲，地球以外是怎样的世界呢？"懵懂的小男孩霍金躺在他狭长房间的小床上问弗兰克。

"那里就是外太空，有浩渺的宇宙，天上每一颗星星都是一个星球。"弗兰克拍着霍金的小肩膀，给他盖上薄毯子哄他睡觉。

"那么多的星球，要怎么才能去那些地方呢？"睡不着的霍金继续问父亲。

"哦！我的儿子，那些地方遥远着呢！但现在你有一条捷径到达那些星球。"弗兰克的意思是想让儿子睡觉。

"捷径在哪儿呢？"霍金并不能明白父亲的暗语。

"只要闭上你的眼睛就能找到了！"弗兰克摸着霍金柔顺的棕色头发。

"好的父亲，我现在就闭上眼睛了。"霍金当真乖乖地闭上双眼，进入他的宇宙梦境。

实际上，童年的他对于父亲的"宇宙捷径论"还是深信不疑的，因为父亲的理论果真时常出现在他的梦境中。他飞向了无垠宇宙，俯瞰那些空中的星球，它们似乎就像玻璃弹珠般大小，互相撞击又巧妙避开，由于没有真切的体会，他只能想象得出这么多。

霍金有一点像极了他的父亲弗兰克，就是说话的语速，慢得常让听的人觉得奇怪，往往有时一句问候的话语要花上双倍时间说出来，他的同学也嘲笑他这种带着口吃一样的话语，称为"霍金语"。可这又有什么关系呢？霍金才不去理会别人怎么说他，他喜欢的是沉浸于自己的世界。

最了解他的只有母亲，她在一次公开场合如此说道："霍金的思想本身是很复杂的。他的内在思想与表现的外在言行，有时不一致，因为他的大脑永远比双手灵活。"尽管童年时代的霍金显得有些慢条斯理，但他就和一般的普通小男孩一样。

其实霍金很聪明，他的才能大多体现在日常生活中。家中的三层别墅是孩子们眼中的"城堡"，霍金住的狭长房间有秘密通道，就是窗户。他一个人住一间，总是有些害怕。两个妹妹的房间则是在楼上，这让他更加担心起自己来。

他觉得自己家的"秘密通道"太多，这样无法防御陌生人的入侵。他和妹妹们玩过一个捉迷藏游戏，就是"保卫城堡"。霍金设计出了好几种能绕开大门而进入屋内的方法，随后他把自己的设计给父亲弗兰克看。"按照设计纸上的样子，我们家必须将其中的好几个通道封闭，不然时刻处于危险状态。"

从没考虑过这些的弗兰克被霍金的图纸惊呆了，没想到一个10岁的小孩能考虑得这么周全。他的房间就像是实验室，到处是撕下的纸片、粘着胶水的绳子、模型零件和正在翻阅的课本，还有奇形怪状说不上名字的小玩意儿。

霍金的小脑袋里装着的全是稀奇古怪的想法。可能他的"天才"就来自父亲的奇妙旅行，加上母亲的自由放任，这给了他太多的想象空间。家中藏书里的故事又达到了启蒙的效果，让他在自己的思维中形成了一些自我的人生观。

　　总之，在圣奥尔本斯小镇生活的霍金一家人，有着独特的行为作风，虽在外人眼中有些古怪，可在伦敦的知识分子家庭里，本就盛行这种有些前卫的风气。

绰号"爱因斯坦"

霍金不仅爱读书，而且还非常用功。

但他这么勤奋，成绩却一直不理想。霍金的父母从不过问他的成绩，也不逼他考前几名。他长得矮小，手脚很不灵活，干什么都比同学慢，写字也潦草不清，更要命的是，说话也让人听不清，不知道他在说什么。

成绩不突出，字写得不好，也得不到老师的厚爱，大家都认为霍金长大后，一定会一事无成。曾经有两位霍金的同学以一袋糖为赌注，打赌霍金的未来，一位认为他一事无成，另一位则认为他前途无量。这个影响着霍金一生的打赌，还是当着霍金的面开的赌局，他全当是一场笑话。因为这个世界上没有谁能随便成功，但也不是付出努力就一定成功。

霍金回忆起自己 10 岁时参加的一次重要考试，他在《我的简史》中说："那是一场如智力测验般的考试，把适合学术教育的儿童挑选出来，其余多数则送去非学术的中学。当时的英国教育等级森严，不仅学校被分成学术的和非学术的，而且学术型学校又进一步分成 A 组、B 组和 C 组。这对 A 组学生来讲是很成功的方法，但对 B 组学生就没那么好，而对不受鼓励的 C 组学生就很糟糕。基于考试成绩，我被放在圣奥尔本斯学校的 A 组。但是第一年过后，凡是在班级名次位于第20名之后的都被分配到 B 组去。这对他们的自信心是毁灭性的打击，有些人永远不可能恢复。"

霍金当时参加的这种"分类"考试，遭到了部分中产阶级父母们的反对，他们的孩子因考试成绩不佳而被迫送进与劳工阶层为伍的学校。这种一"考"定终生的考试却延续了 20 年后才被废止。还好，霍金在圣奥尔本斯的前两个学期，分别为第 24 名和第23 名，但在第三学期为第 18 名。这样他的年终成绩刚好能挤进 A组，获得了继续 A 等的资格。

霍金在预备学校读过一年后，他的父亲弗兰克非常想送霍金到一所私立学校去读书。他一向认为，私立学校的教育方法较传统的公立学校要开放，有一个非常好的前景。当时的议员绝大多数都出身于特权教育之家，诸如英国广播公司、大学在军队里担任高级职位的人，都曾经接受过私立学校的教育。

弗兰克本人就曾经在一所小型私立学校里读过书，觉得在可承担的经济范围内，尽力要送自己的孩子进好的学校就读。他选中了西敏学校，这是英国一所非常出名的私立学校。虽然弗兰克在医学研究上表现得不错，但是科学家的薪水仍然不可能付得起西敏中学的学费，只有船长、政治家或者工业巨子才能负担得起。霍金必须靠自己的优异学业进入该校，这样学费就可以减免，至少部分可以靠奖学金抵付。

所以，进西敏学校就读的话，霍金必须赢得奖学金。然而，他在奖学金考试时生病了，没能参加考试。霍金这次病得很神秘，这种病使他没有办法去学校上课，在病榻上躺了很久。他的母亲后来回忆说："起初根据症状，怀疑他可能患的是'传染性单核细胞增多症'，这种可怕的疾病等到他刚一成年就彻底毁掉了他。"

霍金这次失败让弗兰克很失望，无可奈何之下，他只好为儿子申请了一所本地的私立学校——圣奥尔本斯学校，这是一所著名且教学优秀的修道学院，据说它与大教堂的关系可以上溯到公元948年。

在这里他得到了与西敏学校同样好的教育，学校生活并不轻松，竞争也是很激烈，通过划分A、B、C三个等级班来进行定向教学。校长是个严厉的人，看起来让学生们感到害怕，他用去操场上挖土的方式惩罚那些不去参加军训的学生。而能让霍金快乐的地方，就是负责学生军训的军官带他们参观一些化工厂、发电厂和博物馆。

学校为了抓学生的成绩，总会布置繁重的家庭作业，通常每天晚上要花几个小时才能完成。周末时，功课会更多，霍金完成作业以后都会在自己的房间里，弄一些神秘的制作或者阅读感兴趣的书，他慢悠悠又懒洋洋地靠躺在自己的床上，一页一页静静地读着。

圣奥尔本斯学校是所教会学校，甚至学校还设立了一个"神学奖"。在这里霍金接触到了很多"神秘"的东西，引导他对神秘主义产生了兴趣，特别是当他学习科学后，对于自己所知的那个宇宙故事，常常感到疑惑，因为两者是相矛盾的。他有几个亲密朋友，常在一起长时间地讨论和辩论，论题所涉极为广泛，从无线电控制模型到宗教，从物理学到通灵学。

他们之间谈论最多的一件事是宇宙的起源。霍金听说过从遥远的星系来的光波向光谱的红端移动的"理论"，而这假定表示宇宙正在膨胀。但是他肯定，"红移"应该有某种其他原因，宇宙基本不变并且永续。小小年纪的霍金还猜想"光"在向他们来的路途中仅是疲倦了，变得更红。

霍金的才智透着科学和理性，这像是一位科学家的样子，可他偏偏在中学期间十分热衷"超感官知觉"。这是一种超心理现象，就像是"第六感"，是科学还不熟悉的讯息：有些个体可以在身体并未接触物体的情况下让物体运动，或在事件尚未发生时能预知某事件确切发生的时间等。

他父亲从事热带病研究，曾把霍金带到实验室。霍金从父亲那里了解到什么是科学，他通过显微镜做观察。父亲还常带着霍金到昆虫实验室，里面关着一些受热带病感染的蚊子。但霍金又有些担心，在那里总有一些蚊子随意飞出，他生怕受到感染。父亲鼓励他在科学上的兴趣，甚至指导他学数学，直到超出自己的知识范围为止。有这样的背景，有他父亲的工作做榜样，霍金认为自己做科学研究是非常自然的。

他进入中学后想专攻数学和物理。学校有一位非常会启发人的数学教师，并且学校刚建立了一间新的数学室。爱好数学的同伴都将它当成自己的教室。但是他父亲认为除了做教师，学数学找不到任何工作，所以极力反对。弗兰克其实希望霍金去从事医学，但他始终对生物学提不起兴趣。

对于霍金本人而言，生物学似乎太残酷了，而且这门学科在学校中的地位相当低，因为最聪明的孩子应该学数学和物理，不太聪明的学生物学。父亲知道他不想学生物学，就改变了当初的态度，允许霍金学习化学和数学。他觉得这样会使他的科学路子更宽些。

霍金认为物理学和医学是有些不同的。对于学物理的，无论上哪个学校、结交了哪个人都不重要，关键是行动，看成果，成功的标准是做了什么伟大的事情。在学校里，物理学总是最枯燥的学科，因为它是这么显而易见。化学则有趣得多，因为一直发生诸如爆炸之类的意外。但是物理学和天文学给了他们理解人类从何而来和人类为何在此的希望。

霍金是从这个阶段开始真正对宇宙产生好奇，他要对宇宙的奥秘寻根究底。他热衷于搞清楚一切事情的来龙去脉，因此当他看到一件新奇的东西时总喜欢把它拆开，把每个零件的结构都弄个明白——不过他往往很难再把它装回原样，他只是热衷于研究这些东西。

当时的霍金在班级里的成绩并不理想，因为班上所有学生都非常聪明。他的作业又总是非常不整洁，老师对他的书写感到绝望。但同学们却给爱动脑又爱出主意的霍金起了"爱因斯坦"的绰号。

第四章

从牛津到剑桥

　　霍金父亲非常希望他进牛津大学或剑桥大学，他本人上过牛津大学，所以认为霍金申请那里会有较大的机会被录取。牛津大学在那时没有数学研究员，这就是弗兰克要儿子霍金学化学的另一个原因，霍金可以尝试获取自然科学而非数学的奖学金。

收到牛津奖学金

受到整个家庭的影响，霍金在家是个爱阅读的孩子，在学校则是一位勤奋用功的学生。少年时霍金就体现出了"天才"特质，因为他总是在自己思考问题，而对于身边发生的事关心少。从每日的穿着装扮来看，就能体现这一点，关于霍金的多部传记中都提到："他平时穿戴的是灰色的校服和帽子，身子瘦弱而笨拙。"其实应该是他不修边幅，常穿校服也是因为没有太多的时间去考虑每日的穿着。几天都穿同一种颜色衣服的人，都是不太在乎外表的人。

由此可见，当时的霍金在社交方面是不注重的。他乱蓬蓬的棕色头发几乎遮住了半张脸，脚步笨拙，因瘦弱的身材无法支撑起衣服，所以校服在他的身上显得既空荡荡又皱巴巴。

　　他沉浸于自己的思绪中，就连走路都不左顾右盼，时常为了到达目的地，而横穿马路走捷径。就算是路上遇到熟人或同学，也因思想集中在别处，顾不上打招呼，甚至可能他并没有意识到他们。有一次，霍金在城里低头走着，迎面而来一群女学生，他压根儿就没有看一眼。这群女学生中正好有简·王尔德，她惊奇又有些粗鲁地看着身边走过的这个对她们视而不见的人，一阵惊呼："那是史蒂芬·霍金。"

　　然而，她的一位同伴却淡定自如地说："是他，没有什么好惊奇的。他很奇特古怪，但非常聪明，还参加过禁止核武器的示威游行，是个有正义感的人。"听到这番介绍后，同伴们都吃惊地睁大了眼睛，心中升起一种难以言说的感觉。

　　孩子在童年时都会有些特别的举动，在理解他们的人眼里，会被夸赞为富有想象力和探索精神，并受到积极的鼓励。但在不能理解的人眼里，他们怪异又不合群，时间一久得不到别人理解，就越发让人觉得是个性格古怪的人。

　　在这一时期的霍金，正好喜欢上了制作模型飞机和轮船。他的目标是要建造可以控制并能开动的电动模型。他可不在乎所建造的模型外观如何。他的同学约翰有一双灵巧的手，其父亲的家中也有一座类似"工厂"的车间，这让霍金羡慕不已，常约着小伙伴们到"工厂"玩耍。他与同学在一起制造和发明新的东西，有些看起来只是简单的机器组合，还有一些他们制作出来的东西就像是半成品的玩具。

他们乐于此事，几乎花费了所有的课余时间。最有成就感的就是制作游戏的模拟场景，其中有运载产品的公路、铁路以及股票市场，还有制造各种零件的工厂。他们称之为"战争游戏"，在一块纸板上做了许多个方格，游戏就在这些方格上进行。每位参加者都需要选择一个"家徽"来代表一方，对战时，这些制作出来的模型就成了"战场"。参加游戏者又有各自的分工，需要想尽办法设置出保护自己，又不能被对方打败的方法。

值得一提的是，霍金对电子计算机产生了浓厚的兴趣。20世纪的50年代，计算机并不普及，只有一些政府部门和学校里有电子计算机。霍金利用一些特定的逻辑关系，加上"工厂"里的废旧零件，与他的同学一起制造出了一台电子计算机，这在当时引起了小镇上的轰动。

当地一家报纸毫不夸张地称"一群学生设计家"制造出了电子计算机，并把霍金的故事进行了报道。霍金称这是台"逻辑单选择计算机"，只花了一个月的时间就调试成功。虽然它的功能仅是解决一些简单的逻辑问题，但通过这次的成功，他第一次出现的新闻媒体上，这给他带来极大的信心，令他在往后制作出更高级的电子计算机和探索神秘世界方面，拥有更加深入的想法。

在他父母眼里，热爱发明和制造的儿子让他们感到很吃惊，霍金母亲曾经对霍金少年时期的这种行为做出如下的评论："这种被他制作出来的游戏，几乎取代了他的日常生活，并且花去了他的很多时间。作为母亲，我认为这是种极可怕的游戏，很难想象有人能像他那样着迷。但这种游戏之所以能吸引他的注意力，就在于它被设计得非常复杂，而他的思维应该也是极为复杂的——同'性'相吸。"

其实，霍金的兴趣爱好不仅是发明创造，他还非常喜欢音乐，与他的同学聚在一起"工作"的时候，也习惯一边听着莫扎特、马勒、贝多芬的乐曲，一边制作那些让男孩兴奋的机械类玩意儿。他除了听音乐外，还试着去学习一门乐器，无奈他的手并不那么协调和灵巧，虽做了努力，但始终没有成就，这也许就是这位"天才"一生之中遗憾的事之一。

在这里想要说一点"天才不等于全才"，被誉为天才的霍金只是在一个方面有超人之处，而在其他方面却弱于正常人。在这个世上有很多才艺双全的人，这就是通常所说的拥有"全通能力"的人，是成不了天才的。有的人兴趣广泛，却没有专长，因为人是很难达到多方面都有造诣的。

所谓的天才都是"偏才"，越是精通某个方面必定要花费比常人更多的时间，而对于人来说精力是有限的，那么在时间、身体、情感上，这些都是要有所侧重，也就是生命能量的守恒现象。

所以，现实中，我们不需要背负成为样样精通的全才这样一副沉重的担子，也不需要花时间去学习所有的知识学科，更不要强逼自己的孩子去上那么多的"兴趣班"，因为天才的培养不等于培养"全才"。世界上一些有影响力的人，无一例外都有他们弱于常人的短处，真正的全才是并不存在的，天才不过是将长处发挥得淋漓尽致的偏才。

霍金也是这样，他说话不利索、走路不看路、学乐器没天赋、身体状况也不尽如人意，但他的成功就在于将自己的特长培养成了专长，然后散发出了"天才"的光芒。在此也证明了，一个人的成功，关键不在于遗传，而在于兴趣、爱好和个人的努力。如果仅仅有遗传基因，后天不刻苦努力，霍金也不会在事业上取得如此巨大的成功。

像很多追求知识、积极探索、把事业当成生命的知识分子一样，霍金受父母影响，不追求豪华的物质生活，而是更注重人生的价值。他们执着地投身于对墨守成规的批判，嘲笑老生常谈的陈词滥调，利用个人的独立思考，探索思维所及的外部领域，也被誉为那一代人中的知识探险者。

1959 年，年仅 17 岁的霍金准备进入大学。他的父母对牛津大学有着特别的情感，这不仅因为牛津大学是他们的母校，更重要的是牛津大学是世界一流的大学。他们希望自己的儿子也能进入这所大学读书。成立于1167年的英国牛津大学，是一所誉满世界的公立研究型大学，也是世界上现存的古老高等教育机构之一。在牛津涌现了一批引领时代的科学巨匠，培养了大量开创纪元的艺术大师，以及重要人物，如英国浪漫主义诗人，被认为是历史上最出色的英语诗人之一雪莱；20世纪最著名和最具争议性的英国历史学家之一泰勒；英国方济各会修士、哲学家、炼金术士罗吉尔·培根；英国现代派诗人和文艺评论家、1948年诺贝尔文学奖得主艾略特；爱尔兰作家、诗人、戏剧家、艺术家，唯美主义艺术运动的倡导者奥斯卡·王尔德；中国文学家钱钟书等。

在此提及一下，中国第一位牛津大学的学生叫梁銮，于1910年进入埃克塞特学院。从一张该学院当年新生入学照上，可以看到这位穿着齐整的中国学生相当自信地站在后排的位置上，露出左边半个肩膀。1933年中国长沙的才女李祁在牛津大学获得英国文学科目的奖学金，她以毕业论文《作为自然诗人的雪莱与李白之比较》获得文学学士学位。

进入该校是件不容易的事。英国的高等教育规定，一般大学凭着中学毕业成绩即可入学，只有牛津和剑桥需要单独的入学考试。首先，想报名的中学生需要中学校长在入学前一年进行推荐。

成绩优异的学生才具有报名资格，然后还要经过严格的考试。霍金的父母对自己儿子要求很苛刻，不仅要通过考试，还要获得牛津大学最高额的奖学金。这奖学金不仅能给学生一些名义上的特权，还能承担大部分学费。对于知识分子家庭的霍金一家，父亲弗兰克则十分企望霍金能获此奖学金。

入学考试需要两天，分别对 5 份试卷进行答题测验，其中包括数学、物理和时事。牛津大学的学院在那时没有数学研究员，这就是弗兰克要霍金学化学的另一个原因，他可以尝试获取自然科学的奖学金。那一年因有特别原因，全家人除了霍金以外，都出游去了。而他要留下来准备水平测试和大学入学考试。

霍金待在约翰·汉弗莱一家在米尔山的房子里，后者是父亲弗兰克在国立医学研究所的同事。这所房子有让霍金羡慕的地下室，地下室里有约翰·汉弗莱父亲制造的蒸汽机和其他模型。他十分乐意独自留下来，复习功课之余还可以摆弄那些地下室的模型，在那里他度过了一些时光欢乐。

父亲弗兰克过分关心霍金的这次考试，在全家出游之前，他就拜访了曾经的同学——后来成为霍金的候选导师。这一举动被视为给导师施压，差点让霍金失去考试资格。还好霍金考试时表现出色完成了考试，但在接到面试通知前他认为自己考得并不理想。

霍金在《我的简史》中谈到这次考试，他这样写道："我的校长认为我太年轻了，不适合去尝试牛津，但是我在1959年3月和其他两个在学校中比自己高一年级的小孩一道去那里考取奖学金。我相信我考得很糟，在实验考试时大学讲师来到我身边和其他学生谈话而不理我时，我非常沮丧。"

可实际上，他的两门物理学都考出了"A"级高分。在家等待结果的时间并不很长，霍金就收到了牛津大学的电报，说他获得了该校的奖学金。也就是说，霍金让父亲弗兰克如愿以偿了。

赛船俱乐部

1959 年的 10 月,仅有 17 岁的霍金从圣奥尔本斯来到牛津这个他出生的地方,开始了他的大学生涯。

那时,大部分同级学生都是服完兵役后才去牛津上学,而他在中学毕业的当年秋季就直接进入了牛津大学,比他的同学年龄要年轻好几岁。由于年龄过小的原因,他没能成为那届的最优秀者,这又成为霍金遗憾的事。

牛津坐落于泰晤士河和彻韦尔河之间,是个以优美风景著称的城市,这里空气清新、绿植繁茂,带给许多诗人和画家艺术创作的灵感。牛津大学占据了牛津城区的主要部分,这是一所真正的"没有围墙"的大学。它与城市融为一体,街道就从校园穿过,不仅没有围墙，还没有校门，就连正式的招牌也没有。中央学校是由校和系图书馆以及科学实验室组成，各个学院散布四周。每座像"四合院"的修院式建筑就是一所学院。

学校管理严格，每十位学生配一名校工，专门照顾学生的起居，替他们整理床铺、打扫房间，并且检查学生是否去上课。而导师制是该校的最大特点，学校品学俱佳的学者也是研究人员，他们担任学生的导师。牛津导师制要求学生每周与导师见一次面，将自己一周内研究和撰写的论文向导师宣读。此外，还有许多讲座。每个讲座不论是导师还是学生，不论是高年级还是低年级，都可以自由发言，平等讨论，但在议论之后，要交作业。与导师单独见面，宣读一周内研究和撰写的论文时，导师要评论，要提问，如果论文质量不行，答辩不好要影响成绩、影响毕业。

当时，"二战"过后的牛津大学弥漫着一种厌学的风气，许多学生并不用功读书，甚至对自己的学业也是敷衍了事，还嘲笑取得好成绩的学生，而霍金就是这种学习成绩好的学生。具有聪慧天赋的他上课几乎不用做笔记，他一边听课，一边翻看教材，基本上就能把所学知识掌握。

在牛津的第一年，物理课没有多少新内容。霍金继续上他喜欢的数学课，参加由学院主持的考试。他所掌握的知识内容远超大学一年级的课程，由于他对所学领域有领先认识，能看出导师讲解中的破绽。一次导师给学生布置课外作业，结果只有霍金没有做。导师问其原因时，霍金指出了导师出的题目具有逻辑错误，无法解答。

他与导师罗伯特·伯曼博士关系一直很好，有时会到导师家里去喝茶，一起讨论问题。夏季的时候，罗伯特·伯曼博士一家在他家的后院举行聚会，也邀请霍金和其他同学一起参加，他们在那里吃草莓、打槌球。他的妻子莫琳喜欢霍金这个行为有些奇怪的年轻学生，认为他将来能成为一个物理学家，也很关心霍金的学习和生活，指导霍金读一些高品位的文学作品，以补充仅仅阅读物理学教科书的不足。

因为得到了鼓励，他在物理学学习上进步很大，在大学第二年的年终，他作为一个享受奖学金的学生，参加了竞争大学物理奖的一个比赛。与他同年级的许多学生也都参加了这个比赛，霍金没有花多大力气就捧回了这次比赛的最高奖，还得到了价值50英镑的购书券。

除了在数学和物理方面表现优异外，他的思维活跃，能比同学更好地完成作业。导师给学生留下研讨的题目，霍金总能抢先回答。一次导师布置了几道题，除了霍金之外，这个小组的其他成员都未能完成这些题目。还有一次导师为小组里的四个学生留下了一些题目，要求他们下个星期完成。其他三位学生花了一个星期的时间，只完成了其中的一道题。而霍金在上辅导课的当天仅用了一会儿工夫，就解答出 9 道题，他把其余的时间用来阅读科幻小说和做其他事情。

霍金出色的学业与当时抵触学习的学风显得格格不入，其他人要么非常卓越，要么就接受自己能力的极限，因为用功而得到较好等级的人，要被扣上不好的诨名。他在自传中写道："我在第一年和第二年的一段时间觉得相当寂寞。在第三年，为交到更多的朋友，我作为掌舵手加入赛船俱乐部。"这就有了他在大学里"分心"的事，就是划船。划船是牛津大学和剑桥大学的一个传统项目，从大学的第二年起，霍金发现划船还能缓解他的思维压力，并让自己得到放松，渐渐地喜欢上了这项划船运动。

划船运动是一项高强度的体育活动，参加这项活动的学生无论春夏秋冬都必须认真参加训练，他们冬天要顶着严寒到水面上破冰，然后进行训练，夏日他们即使已经累得满头大汗，还要继续进行训练。这项活动要求参加者在划船时全身心地投入，这对于缓解学生们在大学里的紧张心情和无聊情绪有很大的帮助。霍金喜欢这一活动，也是因为它能调节情绪。

每年牛津和剑桥两所大学之间都要进行划船比赛。在比赛中，划桨手可以大出风头，显示他们的身手。他们在一年中要花不少时间训练和参加比赛。牛津大学的赛艇队是在 1829 年成立的，经过漫长岁月的磨炼，已成为一支颇具盛名的赛艇队。这种古老的传统体育运动开始时，牛津和剑桥两支参赛队各自穿着深蓝和浅蓝的队服，以挑战的形式进行。当年失败的赛艇队就成了下一年的挑战队，比赛每年都进行，两个学校的赛艇队的成绩也是不分伯仲。

我从《我的简史》插页中的一张黑白照片上，看见在灌木丛林的湖中，水面波光粼粼，一群穿着深色条纹衫的大学生意气风发地坐在赛艇上划动着船桨，表现得活力四射。霍金逆向独坐在船头，样子与其他8位运动员的形象截然不同。他穿着西装、戴着礼帽。也许当时水面上有风，他左手紧握船舷，右手不自觉地按住了他头上的帽子。拍摄者仿佛正站在岸边，向他们喊起了拍照的口令，大伙都面向镜头展示出自己的微笑。

霍金的体重较轻，比较适合当舵手。他的嗓门也大，在船头喊口令的时候，船上人都能听清。作为称职的舵手，他对夺取冠军并不感兴趣，但也遵守训练纪律，训练时从不缺席。可是他在第一次比赛中就因赛艇离开起始线绊住了舵线，结果偏离航道而丧失了比赛资格。这也不能怪他，这项古老的赛事还沿用了老的航道，并没有及时清理淤泥和扩建赛道，使得赛艇比赛的河流狭窄，每次比赛都是一场智力游戏，必须一艘艇紧跟着另一艘艇。

这种并非严肃的赛艇比赛，可以称作友谊赛。特别是春季的划船比赛则是一种追撞比赛，一般会持续几天时间，参加划船比赛的船只距离很窄，出发前岸上会有一根绳子把船固定住，另一端则由舵手紧紧抓住。发令枪一响，舵手就松开绳子，船开始划行。赢的方法是避开别的船的撞击，又要想办法去撞击其他船。对于这样的比赛，每次都有惊喜和意外，这无非是给大学生们的学习生涯添加一些乐趣而已。

无论胜负如何，结束后队员们总要痛饮一番。那是学院举办的划船俱乐部正式的晚宴，也是学院内学生社交的重要途径之一，现场有激动人心的演说和各自展示祝酒词，每个人都可以大胆地上台进行才艺表演。如果哪位学生能在当场引得全场注目的话，他将成为校内"风云人物"。在这种场合上，霍金也会开心得畅饮起来。

喝得半醉不清醒的他和同学决定去做件不寻常的事。酒后壮着胆子，他们带了一桶油漆和几把刷子在附近的桥上写下了一条标语，这一行为破坏了城市的风貌，他们当即被警察训斥了一顿。对于霍金来说，出格的事也只有这么一次。

加入赛艇俱乐部的霍金变得开朗和热情，他抱着寻找快乐和交友的心态去参加比赛，即使失败了，也能交到一大群好朋友。他的队友戴维回忆霍金当年参加赛艇队时说："他看上去很矮又弱小，戴着一副宽边的近视眼镜。我惊讶地问身旁的队员这个人是谁，他们告诉我这就是史蒂芬·霍金。可我当时真的以为他是个花花公子。"

为了赛艇活动，霍金也牺牲了一些学习的时间，那些他觉得都是值得的。因他与另外一位同学每周星期六的下午要到河上训练，而周六的下午他正好有物理实验课，划艇相对来说还是比较有趣，所以他俩一同放弃了物理实验课。这样在学期结束时，他俩还要想办法把这门课给补上。幸好聪明的学生总是能想到办法，没有上物理实验课的他俩就在实验报告上尽量写得详细，如同他们真的是从实践中得出的结论那般。

由于经常运动，霍金不仅变得开朗，身体也逐渐健壮起来。他中学的朋友再见到他时，简直不敢相信，他和原来简直判若两人。虽然依旧不修边幅，可那青春的朝气却扑面而来，以前他是比较多思和忧郁，上了大学的他幽默感很强，开起玩笑来每次都能博得众人的欢笑。他通过与同学之间的交往，忘记了大学里单调枯燥的学习生活，适应了大学的生活后，霍金也克服了抑郁情绪。

他好像刚融入大学群体之中，就迎来了学期毕业考试，这是非常关键的测试，关系到学生的前途和命运。"我进大学之前考试了一次，然后在牛津待了3年，只有一次终考等着我们。"这是霍金的自述，"因为我没有准备，我计划做理论物理问题，并避免需要事实知识的问题来通过终考。然而，由于神经紧张，考试前夕我根本无法入眠，所以考得不是很好。我的成绩处于第一等和第二等的边缘上，我还得让考官面试以确定我应该得第几等。"

期终考试覆盖的范围很广，包括许多可供选择的问题。霍金是怀着忐忑不安的心情步入考试大厅的，那些死记硬背的题目，在拿到试卷的那一刻都忘得精光，他觉得没有比当时更糟糕的时候了，对于问题他搜肠刮肚地寻思了一番，好在他的知识基础过硬，特别是写到论述时政的题目时，他运用自己家庭对社会热衷的熟悉度和他加入社会组织开展的事项，一并作了自己独特的解释。

考试结束后，牛津的学生穿着有黑色飘带的校服，一个个都拿起了香槟酒。胸前的康乃馨在夕阳的余晖里，熠熠闪光。这是最值得庆祝的日子，学生们根据学校的传统，将装书的背包都腾空，装上美酒后走上街头欢庆。

对于霍金来说，庆祝有点太早了，他还要面临着第二轮的面试，只有毕业考试获得一等学位的学生才有资格继续攻读研究生的学位。面试的那天，面试官问霍金将来有何打算时，他想了想回答说："我想要做研究，如果给我一等，我打算去剑桥。如果得到二等，那就留在牛津。"结果这句带有双重意思的话，让面试官觉得，如果授予霍金一等学位他会转投剑桥大学继续攻读学位，不再给面试官们添任何麻烦。如果授予他二等学位，那么霍金就会留在牛津，继续缠着他们。

　　结果，他被评为一等学生，轻松得到了去剑桥的门票。其实，面试官们是有足够的智慧认识到，他们交谈的对象甚至比他们中的大部分人都要聪明。

错过公务员考试

霍金从一位才华横溢的天才成长为我们所了解的物理学家，这条道路并不是平坦的。他在牛津大学一直受着学习不够优秀的困扰，只要他一表现出努力学习的样子，同学们就孤立他，让他不得不参加社交和社团的活动。这并不是什么坏事，所以在牛津他最值得骄傲的成功并不是数学或是学科的成绩，而是来源于课外活动。

他认为牛津大学的课程相对来说比较简单，让他缺乏静下心来努力的动力，因此也没有取得显著的进步。他在自传《我的简史》中写道："我计算过一次，我在那里的3年期间大约只用功1000小时，平均每天1小时。我对自己的懒惰并不感到自豪，但那时我的态度和多数同学并无二致。我们倾向于绝对厌倦和觉得没有任何东西值得努力追求。"

不过后来患病的他意识到生命是值得过的，因为有很多事情等着去做。他必须把时间花费在学习上，他说："我痛恨浪费时间。"牛津的毕业考试是有多么折磨人，对于聪明的霍金来说，也没有完全的把握能继续得到深造的机会。出于对毕业后生活的考虑，他做了两手准备，万一他不能做研究，就计划申请当公务员。

当年 10 月，古巴发生了导弹危机，他对核武器异常反感，把申请公务员的职务定位在一般照管公共建筑物上，或者是去当一名下议院的书记员。他甚至还参加了公务员的面试，不过对于什么是下议院的书记员、具体做些什么，他是一无所知。就算是这样无知，他还是通过了面试，接下来他将参加一次笔试，然后就能去工作了。

然而，这个大大咧咧又一次沉浸于自己的世界之中的霍金，在前一天很晚才睡，他不知何故感到有些烦恼，便听了一整天的磁带录音。也因他从来不写日记，一切事情全凭自己的"好记忆"，所以他也没有想起来要做什么，直到傍晚他才意识到那天他要参加公务员的笔试。

还有一个原因是在公务员考试的前一天，为庆祝他从牛津大学毕业而举行了一场别开生面的聚会。在晚会上，霍金遇到了简·王尔德这位一生都令他心动的女孩。当时简·王尔德受到朋友的邀请，穿着暗绿色丝绸礼裙参加了聚会。

刚从牛津大学毕业的霍金在聚会上显得很自信，他穿着灰蒙蒙的黑色丝绒上衣，戴着红色丝绒蝶形领结，背对着灯光，端着一杯酒。他正在与牛津大学的导师谈话，随后被引见到剑桥宇宙学研究的导师面前，大谈自己的未来。也许是前晚兴奋过头，以至于他竟然错过了笔试的时间，公务员遴选委员会还特意给错过考试的霍金发了一封提醒的信函，表示在明年的时候，他依然可以参加公务员的笔试。这不知是幸运还是不幸，他最后是被剑桥大学录取了。

终考后的长假里，学院给他提供了一笔小额的旅行资助。这让他有了一次不和家人一起出游放松的机会，他与同学埃尔德相约一同去伊朗，这位同学通晓波斯语。原本这是很安全的旅行，却不幸遇到了伊朗保因扎赫拉大地震。这让他的父母万分焦急，因为在出行的十几天里，他们只收到一张霍金离开德黑兰时发的明信片。

霍金回忆当时地震时说："我们坐火车抵达伊斯坦布尔，然后到东土耳其附近亚拉腊山的埃尔祖鲁姆。在此之后，我们坐上载满鸡羊的阿拉伯汽车从大不里士到达德黑兰，之后我与另外一个同学往南旅行到伊斯法罕和波斯波利斯，穿越过中央沙漠到达马什哈德。在归途中，得知有一万两千多人死于大地震中。"

他不通当地语言，对于地震是后知后觉。当时霍金受伊朗公路的颠簸之苦，在汽车上得了腹泻，又因车身过分跳跃，导致他从汽车的后座被甩到前座，肋骨断裂，随后他不得不休养了几天。这几天的休养可急坏了他的父母，以为霍金在地震中出事了。

孩子是父母的牵挂，从出生就被烙上了亲情的符号。刚出生时总为那么小的婴儿要如何才能养大而担忧；等长大一些能上学了，又总是担心学业能不能应付，要上个好学校才能有个好未来；学校毕业后又要开始操心，要上哪里工作，要谈个怎样的恋爱，将来孩子的另一半会是什么样子……出门想着早点回家，在家又愁着不努力工作，总是有那么多的担心。

面对父母的操劳，做孩子的还总是抱怨："父母不懂小孩。"可无论如何用中国的一句话来说，就是："父母在，人生尚有来处；双亲去，人生只有归途。"父母对孩子的爱只有深浅，没有对错。作为子女，还应该理解长辈们的担忧都是出于爱护。

霍金的父母最不想听到的就是自己的孩子有什么意外，孩子出门在外走得再远，也不要忘了给父母一个安好的信息，这可能就是对他们最好的孝心。因你安在，所以他们的世界才充满阳光。他也是在成长中慢慢体会到这一点："我患病的一个后果就是把这一切都改变了。当你要面临夭折时，你就意识到生命是值得过的，因为有很多事情等你去做。"

　　在牛津大学完成本科课程之后获得的是自然科学学位，实际上学习和研究过程包括了许多物理和数学的内容。不过他自己也承认，自己更适合从事物理学方面的研究，而不是数学。然而，他真正梦寐以求的研究领域却是宇宙学。剑桥大学的宇宙学到底包含了哪些内容？为什么会对霍金产生那么大的吸引力？

第五章

爱神降临

　　爱情就是这般奇妙，心灵相通的两个人，会在同一时间，做出同样的事情。也不知是上天刻意安排，还是如霍金所研究的那个课题一样——"时间对称"，正当简·王尔德想要去探望霍金的时候，霍金也正在努力地赶来看望她，两人竟然在车站意外相遇。

剑桥导师西阿玛

　　剑桥，与牛津一样，是座令人神往的大学城。它位于伦敦北，有一条剑河在市内兜了一个弧形大圈后，便向东北流去。河上修建了许多桥梁。这里拥有世界上最古老的桥，叫剑桥。两千年前罗马人就在这里驻扎，起先的剑桥只是个小集镇，13世纪末创办了剑桥的第一所学院彼得学院。在经过漫长时光的雕琢，又相继建立了圣凯瑟琳学院、三一学院、皇后学院、国王学院等，逐渐发展成为世界著名的学府。

　　一座散发着浓浓文艺气息的城市剑桥，城中有众多剧场、美术馆和使人流连忘返的古老建筑，而剑桥大学在其中较为现代。十月秋天，夏令时结束，也是剑桥最美的时候，满城的植物妖娆地染上各种颜色。风起时乌云就会遮住天空，光影在消失前拉长了河畔建筑的身影，那些仿佛回到中世纪的城堡散发出神秘的气息。

20岁的霍金，就在金秋的一天早上，带着简单的行李，坐上了前往剑桥的火车。火车穿过一百多英里的路程，将霍金送到了他梦寐以求的求学圣地。他就读于剑桥三一学院，当时有位杰出的天文学家弗雷德·霍伊尔，也是稳态理论的主要倡导者。霍伊尔是在这个领域中最有名的科学家之一，享誉全球。霍金一心想要成为他的学生，无奈这位导师已有许多学生，又经常到世界各地去讲学，对于指导学生的事，没有那么上心。

刚到剑桥遇到第一个难题，就是如何选择他的专业方向。霍金十分倾向于选择宇宙物理学。可他很失望地被分配给从没听说过的丹尼斯·西阿玛。他无比沮丧，在剑桥还未开始学习，研究的热情就被浇灭了。

结果却是在意料之外，西阿玛是位敬业的导师，他几乎不外出，把主要的精力都用在学生身上，教室里经常能看到他的身影，对于问题他都是有求必应。霍金在《我的简史》一书中写道："在进入剑桥大学求学的时候，宇宙学还是一个被人遗忘的领域，但其蓬勃发展的条件都已具备。"霍金在牛津大学已完成自然科学的学位，在他开始从事科学研究的时候，物理学界分成两个阵营。

一部分人专注于揭示宇宙作为一个整体所蕴藏的奥秘，还有一部分则致力于观察亚原子层面上发生的一切，开创了日后的量子力学。考虑到霍金的天赋，他选择量子物理作为自己攻读博士的研究方向当然也不会存在任何问题，但他仍然选择了宇宙学。

20 世纪 60 年代的宇宙学与广义相对论研究的进展很慢，可以用停步不前来形容。在任何一个领域，如果研究一直停滞不前的话，是件相当可怕的事情，更让人担心的是，越是停滞不前的学科，就越容易成为冷门。冷门的学科是没有人愿意去研究的，也正是因为没有人愿意去研究，所以存在着一举成名的可能。

宇宙学在那时是不被认可的领域。它是一个试图理解和解释宇宙的结构、规律和演进过程的学科，研究对象包括了宇宙中所有的基础元素以及时间和空间的本质。而霍金的第一学期情况很糟，由于在牛津大学读书时，没有下苦功学习数学，以至于他现在觉得数学水平不够高，当遇到爱因斯坦的广义相对论时，那复杂运算就使其深陷困境。

加之他研究的学科是非同一般的新学科，要找到合适的课题进行研究也是不易之事，所以他在一段时间找不到突破的方向，感到十分苦闷。他说："在开始做研究时，我对此一无所知。但是我觉得那时研究基本粒子太像搞植物学了。"量子力学就是制约化学和原子结构的光和电子的理论，而那时人们的注意力已转移到原子核中的粒子之间的弱核力和强核力，但类似的场论似乎无法解释它们。

剑桥学派认为，不存在什么根本的场论，取而代之，一切都被幺正性——也就是概率守恒——以及粒子散射中的某种特征模式所确定。霍金则对这个方法并不赞同，同时也庆幸自己没有做基本粒子的研究。在导师西阿玛眼中，霍金是位异常聪明的学生，并且随时可以用丰富的知识精辟地论证自己的观点。这种聪慧却不能掩盖他本身存在的问题，他找不到方向，根本不知道自己适合研究哪个课题。

正处于对学科迷茫之中的霍金，得到了导师西阿玛的建议。他建议霍金研究天体物理，这是个不枯燥也不乏味的研究，也是一门纯粹、不受限制的学科，能让霍金的想象力得到充分施展。霍金是喜欢接受挑战的人，对于并不熟悉的天体物理，开始了艰苦的学习之路。他重读广义相对论的老教科书，每周都和西阿玛前往另一个学院国王学院进行旁听。他们随时都可以找到探讨的问题，霍金也不断地得到西阿玛的启迪和激励。

导师西阿玛引导霍金研究时间对称的问题，这是电动力学的理论问题，简单来说就是一个人开灯的时候，是受到宇宙中其他物质的影响，才使得光波从灯泡往外行进，而非从无限远到达并终结于灯泡。从灯泡往外行进的所有光,应被宇宙中其他物质吸收。

宇宙学和引力的领域被人忽视已久，却不知理论早已成熟，是可以发展的。

他在当时就预言："宇宙学未来的发展空间将是广阔的。"然而，有一个现实的困难就是广义相对论是被认为不能解决的。这个观点是爱因斯坦提出来的，但在后来广义相对论开始走向复兴。新的一代进入这个领域后，新的广义相对论研究中心就相继成立了。一个在德国汉堡，另一个就设在伦敦的剑桥国王学院。

霍金选择了宇宙中最基础的问题来研究，这条路没有捷径。从提出问题、建立假设到用实验进行验证的整个过程需要花费大量的时间，特别是宇宙学研究的本质决定了不可能在短时间内得到任何清晰的实验证据。他注定将会走在这个领域的前沿，发现能够解释宇宙各种错综复杂现象的规律和法则。

在剑桥的日子里，霍金整天关心的都是他的研究，在稳态宇宙的探讨中，时间过得飞快。每天的时间对他来说都是宝贵的，为了搞清楚以前很多从没明白的问题，比如，没有科学证明时间是对称的，那么，反过来，也没有证据证明是不对称的，那么时间是不是有方向性？电磁和引力之间又是怎样互相作用的？时间对称，会不会在某个地方，它的时间是倒着的，那意不意味着我们的记忆也越来越少？诸如类似问题，终日徘徊在他的脑海里，占据了他所有的精力，以至于对自己身体发生的变化，他并没有及时察觉。

　　有时他在吃饭的时候，抬起手时会感到一些疼痛，还有时在早上起床时会觉得身体坐不起来，这些小小的不便，他都以为是自己太过于沉浸学习而导致的肌肉暂时麻痹。可不是嘛，人坐久了总会觉得腰酸，而保持一定的姿势，肌肉会麻木，霍金对于身体的关注，远不及对待课题来得重视。

生日宴会邀佳人

在剑桥的第一个圣诞节马上就要来临，学院开始放长假，学生们也都各自回到家乡。这年的圣奥尔本斯的冬天有些寒冷，皑皑白雪不时覆盖街道后被雨水冲刷，还未及融化的雪又被冷空气凝结，成为挂在树上及屋檐上的冰凌。湿冷的天气让人觉得不舒服，只能待在家中取暖。而霍金家没有装暖气，全家人围在底楼的客厅里烧着壁炉取暖。

霍金原本手脚就不如别人利索，说话还带口吃。为了不暴露自己的缺点，他尽量远离人群，对于同龄人都开始交往男女朋友这件事，他表现得后知后觉，直到21岁的时候才有了初恋的感觉。在简·王尔德的自传中写到了她与霍金相识的经过。

那是一个阴雨连绵的寒冷日子，在威斯特菲尔德学院上学的简·王尔德刚从学校放假，她所在学校位于汉普斯特德的威斯特菲尔德学院，是一座仿照格尔托尼安模式的女子文科学院，本来她也想读剑桥大学，但当时男女生招收的比例相当不平等，十分之一的录取率让许多优秀的女学生被拒之门外。圣诞节前夕，她经过 15 英里的路程，搭上开回圣奥尔本斯的公交车，由于雨雪交加的缘故，当时心情非常糟糕。

回到家中，她收到一份邀请函，邀请函是用漂亮的铜版字体写的。写成这种字体必须经过长时间练习才能做到。这是一封生日邀请函，霍金邀请简·王尔德参加他的 21 岁生日宴会。内容大致意思是在上次毕业聚会上见到简·王尔德后很想再次相见。

对于这封突如其来的邀请函，简·王尔德很忐忑，她还不知道如何给认识不久的霍金挑选生日礼物。就在圣诞节刚过两周不到的 1 月 8 日，简·王尔德带着一张唱片，来到位于圣奥尔本斯山边路 14 号的霍金家。据她回忆，霍金家是三层红砖建筑，屋子保持了它原初的状态，未受中央暖气系统或全铺地毯等现代化潮流的影响。杂乱的树篱遮掩着破旧房屋的正面墙，那上面留下了大自然、暴风雨和孩子们在家的痕迹。

仅犹豫片刻后，简·王尔德便按响了霍金家的门铃，但好一会儿没有动静。门口的紫藤悬吊在破朽的玻璃门廊之上，前门的菱形方格上缺了一些彩色的玻璃。门被打开，霍金的母亲热情地将简·王尔德迎进屋内，接着全家人都陆续走过来问候她。

因为霍金家的一些特殊喜好，比如霍金的父亲弗兰克是镇上唯一养蜂的人，还有他家拥有当时非常罕见的滑雪器材，他冬天滑雪时会从简·王尔德家门口经过。霍金一家在小镇上显得有些"另类"，全家人常在高尔夫球场野餐和采集风铃草花，在当地人看来，这些举动都是不可能尝试的。他家的祖母擅长弹钢琴，每个月会在镇上的公开集会上进行表演，由此全镇人都认识她，把她看成名人。简·王尔德的社交活动只有跳舞和打网球，与霍金家丰富多彩的活动无法相比。

生日宴会的主角就是史蒂芬·霍金。可他显得并不十分高兴，他像喝醉酒一般，依靠在一张桌子边。桌上摆放着雪利和葡萄酒，他显然是刚刚为自己倒了一杯，因为那张桌子的桌布显示，有些红色的酒倒在了杯子的外面。他的父亲弗兰克正好看到了这一过程，但不知道原因的他以为霍金真的喝多了。

其实，这天早上，他起床穿鞋时，竟然无法系鞋带。虽然努力地试了几次，也没有成功，霍金不知道自己怎么了，只是感觉到身体有时不听他的话。就像是刚才明明他已放好了酒杯，可酒还是洒在了桌子上。他对自己这一笨拙的动作感到生气。不过，在他祖母的钢琴声响起的时候，他又恢复了笑容。

　　来宾们随着音乐开始起舞。霍金生日宴会上邀请的朋友大部分简·王尔德都认识，因为他们同在一个镇，上的学校都是差不多远近，有些就是圣奥尔本斯学校的同学。简·王尔德当时18岁，她还不知道如何加入霍金的谈话中，他们聊的都是笑话，以及批判嘲弄一些不合时宜的旧规。

　　简·王尔德痛苦地意识到她缺乏社会经验和不懂得世故，于是只好待在宴会的一角，倾听着他们的交谈，并尽可能靠近炉火，让自己有些温暖，而不至于受冷落。晚宴的餐厅很大，屋内就算是塞满来宾也有股寒流，有些人坐在玻璃罩的火炉旁，另一些人则倚在炉旁的墙上。

　　"有个纽约人，他想乘电梯到大楼的第50层，但只乘到了46层。"其中一位端着香槟酒杯的客人站在火炉边与另一位聊天。

　　"为什么？"与他说话的另一位则是一副非常配合的样子，明知故问。

　　"因为他的个子不够高，摸不着第50层的按钮。"这位说出答案的时候，人已然笑得前仰后翻。

　　像这样并不充满高深学问的通俗笑话，在简·王尔德看来，真是失望极了，因为在她的印象之中，霍金家的朋友应该也像他家人一样，每个都有着不同的个性，发表的言论都应该是深奥而带有某种哲思的。没想到他们和平常人一样，也只讲着俗不可耐的笑话。这虽然是个年轻人的生日宴会，简·王尔德还是感到有些无聊，她从火炉边起身，推开通往花园的落地门，走了出去。

"嗨！外面有些冷，你不觉得吗？"没有在意的简·王尔德听到一声问话，吃了一惊，转过头，看见了霍金。

"我只是想出来透透气。"简·王尔德不好意思说宴会让她无聊，其实是她胆小不合群，那些从小一起长大的朋友，似乎与她都不太熟的样子。

"哦！我也是，刚看到你坐在火炉边，想请你跳舞的，却看见你走了出来。"霍金腼腆又害羞，别看他在学院里与同学谈笑风生，但见到心仪的女孩时，他口吃的毛病就更加厉害了。

"你是主人，不应该离开众人的视线。"简·王尔德像看出一点什么来似的，低下头轻声说道。

"那！"霍金结结巴巴得欲言又止。

"那什么？"简·王尔德的棕色头发在风中被轻轻吹起，这一幕让霍金看得着迷。他对着简·王尔德露出了深深的微笑，笑得眼睛都眯成了细线。然后他停了一下，脱下自己的外套，披在了简·王尔德的肩膀上。

简·王尔德看着霍金，心里升起一股暖意。

　　她想，她可能喜欢上了霍金。眼前这位剑桥大学的研究生，虽然看上去有些古怪又自负，但很有魅力。

　　而霍金也深深地被简·王尔德的气质所吸引，在宴会结束后的几个月里，他们之间的恋情迅速升温。

祸福双至

有了爱情，这个假期他过得既开心又甜蜜。可霍金却还未察觉到，他的幸福和厄运几乎同时降临。

这时候的他，个人危机也渐渐地暴露出来，有时隐约会感到行动不便，特别是在一次上楼梯的时候，竟然踩空从楼上滚落。此时，不但自己爬起来已成困难，很多次他还感到腿不听指挥，说起话来更加模糊不清，就像含着食物那般。先前，有些困难他还可以克服，如吃牛排时，无法使用刀叉，他可以选择换汤匙。当时他也去看过医生，得到的忠告是少喝点酒。

由于没感到明显的疼痛，他对于自己的这些症状并没有太在意，假期里他和家人在圣奥尔本斯的湖上滑冰，对于技术娴熟的霍金来说，要跌倒是不太容易发生的事。正当他牵着妹妹菲利珀的小手，两人在结冰的湖面上酣畅地快速旋转时，他毫无准备重重地摔倒在冰面上。

这突然而来的意外，把菲利珀吓坏了。她惊叫着引来了父母的注意，当要帮助霍金站起来时，却怎么也动不了。霍金的父母怀疑他摔倒时跌伤了脑袋，立即叫来了救护车，将霍金送进了医院。

霍金这是怎么了？医生仔细地检查了他的身体，并没有致伤的迹象。这位镇上的医生无法诊断出病情，他将霍金介绍给了另一位专科医生。霍金在回忆这段检查经历的时候说："我在医院里待了两周，其间做了种类繁多的检查。他们从我手臂取出肌肉样品，把电极嵌到我身上，然后把放射电波不能透过的一些流体注入我的脊柱，使床倾斜，用放射线看这些流体从上往下流动。"

这位专科医生只告诉霍金他没有患多发性硬化症，其他什么都没有告诉他，因为医生也没有办法控制霍金的病继续恶化，只能给他吃一点维生素片。霍金这才意识到自己的病情的严重性，特别是看到隔壁床上的一个男孩因得了血癌而刚刚过世的情景，让他联想到自己可能也将命不久矣。

他意识到自己患了可能在几年内致死的绝症，他也不知道将来会发生什么或者这个病会发展得多快。由于当时没有立即确诊，霍金感到了害怕，对未来充满了渺茫之感，随之而来的就是自暴自弃。他在《我的简史》一书中回忆道："在我的病症还未得到诊断前，我对生活极其厌倦，似乎没有什么事情值得去做。我出院不久，就做了一个将被处死的梦。我忽然意识到，如果我被缓刑的话，还有很多我能做而值得做的事情。另外一场我做了很多次的梦是，我要牺牲自己的生命去救别人。毕竟，如果我反正都要死，不妨做一些好事。"

当一个人知道自己将要死去的时候，最大的感受应该是恐惧。这种恐惧发自本能和内心，并非是害怕某些具体的事物。这种感觉仿佛有魔鬼一般的东西从心灵最深处的泥潭中升起，它不动声色地等待着下手的机会，而自己又没有办法赶走它，只是被这种伺机下手的阵势而吓倒，惶惶不可终日。

从医院回来的几天里，家中的空气都是沉闷的。家人都为霍金无法治愈的病而担忧，特别是作为医学专家的父亲，更是清楚霍金的病所带来的严重后果。他的父亲四处搜寻可能治疗的手段，还与同事们讨论与该病类似的疾病，寻找能治愈的方法。现实的残酷让霍金无法接受，刚过完21岁生日的他即将迎来自己的死亡，这种感觉就像正在茁壮成才的树苗遭遇了连根拔起的厄运，维持生命的迹象变得无望又短暂。

那个时候，霍金喜欢上了堪称"古典音乐中的摇滚重金属"的瓦格纳，他的音乐中都带有英雄主义的色彩。因为瓦格纳的作品风格与他阴暗的情绪相投，而当时的霍金就有这种"出师未捷身先死，长使英雄泪满襟"的心情。他把自己关在房间内听着宏伟悲壮的交响乐，沉溺于自我怜悯与麻醉的状态。他的精神几乎要垮了，自觉是个悲剧式的人物，命运对他太不公平。

直到这个时候，霍金才真正明白，他的生命就是一个沙漏，所剩不多，必须好好利用起来。也许人总是要到失去后才会懂得"珍惜"两个字的重要，往往很多人都有这样的感受，当自己生病的时候，才会想到健康时候的好，也只有当失去爱人的时候，才会记得曾经互相之间的那个好。

霍金应该也是这样想的，他明白无论是谁都要经历死亡，只不过有的人时间长，而有的人就像他那样，拥有生命的时间短暂。既然这样，为什么不好好地用余下的时间做些对人类有意义的事，而不是只为担忧而真的深陷忧伤之中。对死亡的恐惧感不过是块石头，这块石头砸中了他，经过努力如果还是无法把心头的这块巨石敲碎的话，那就绕开它走。换个方式看待生死，那么生死就变成了不同的形态。

面对死亡，不同的人有不同的态度。有的人顺其自然，时候到了便无疾而终；有的人为了自己的理想和目标，不惜付出自己的生命；有的人牵挂着生命中宝贵的东西而不愿离开；有的人因害怕，恐惧地等待那一刻的到来。不同的人面临死亡的态度在细节方面各有不同，霍金就是有足够的时间去准备死亡。

那么人在面对死亡的时候，会经历哪些阶段呢？最初患病期间对可能发生的死亡，主观上会竭力否定，直到权威的医院或专家做出结论，或者继续去寻医问药，直到自己也放弃。也有一些人，可能会选择回避这一事实，掩饰自身的痛苦，以笑颜来面对自己的亲人与朋友。

在得知死亡即将来临的时候，会对自己周围的世界、事物抱有怨愤的情绪。在怨愤阶段的人是敏感而又自尊的，期望能够获得来自他人的善意，有的也会颇为敏感地怀疑自己家人是不是嫌弃自己了，是不是觉得自己连累了他们，希望自己早一点儿离世。

在怨愤过去之后，人的心中又有了一些新的想法，比如说之前的身体状况和现在的身体状况是不一样的，是否重新去检查后会有区别，幻想着出现奇迹，会有一个方法能够治愈自身的疾病，能够活下去。慢慢地会发现自身的确是不可避免地走向死亡了，慢慢绝望，在绝望之中，逐渐安排后事。在生命的最后时刻，心中充满了生命的光辉，而后直面死亡。

不管如何，霍金已经清醒了。他回到剑桥的学院，又进入了紧张的学习之中。那些研究课题和天体问题，以及关于膨胀宇宙中的电动力学的问题，令他暂时忘记身体上的不适。医生已经对霍金进行了确诊，他得的是肌萎缩侧索硬化症，也叫运动神经元病，是世界绝症之一，没有治愈的病例。目前患该类病的人全球达到10万人以上，患这种病的人俗称"渐冻人"。

患上这种病，大脑、脑干和脊髓中的运动神经细胞将受到侵袭，肌肉会逐渐萎缩和无力，以至瘫痪，身体就像被慢慢冻住一样。由于感觉神经未受到侵犯，这种病不影响智力、记忆和感觉。霍金没有死，尽管他的未来被乌云遮盖，但他非常惊讶地发现，他开始变得很享受生活。他对于自己的身体开始依恋起来，不愿放弃自己，对于生活他还要继续努力坚持。谁知道呢！奇迹不是每天都在发生，而真正让霍金对短暂生命充满渴望的是简·王尔德。

一说到伦敦，人们总会想到它的天气。因为气候可以影响人的心情。如果一连遭遇十几天的阴雨，是否会感到莫名的郁闷？这种心情的变化，不是简单的多愁善感。科学家已发现，在气候特别寒冷的地带，人们在冬天的情绪会明显忧郁、低落，而导致情绪低落的主要原因则为缺乏阳光。

简·王尔德是一个特别阳光的女孩，也是一个拥有独立性格的女孩。她的到来也给霍金带来了无限的阳光。当时的简·王尔德正在伦敦参加秘书课程，她学习一种叫速写的新型速记法。这种速记法使用字母而不是图形符号，像希伯来语和阿拉伯语那样省略元音字母。

霍金生病的消息是一位女同学——在巴特医院当实习医生的

戴安娜告诉她的。戴安娜说："巴特医院是霍金妹妹玛丽的实习医院，他们全家人对霍金的病非常清楚，给他做了很多可怕的检查，发现霍金患了某种会导致瘫痪的可怕疾病，症状有点像肌萎缩侧索硬化症。这种病无法治愈，也许他只能再活两三年。"

听到这个消息后的简·王尔德大吃一惊，前几个月才在一起跳舞说笑话的人，怎么就马上面临着死亡？她对于死亡的概念还没有任何的想象，他俩都是那么的年轻，离死亡应该还很遥远。简·王尔德对霍金是有爱意的，当知道自己的恋人面临死亡的时候，也选择了与其一同抵抗命运的不公。

爱情就是这般的奇妙，心灵相通的两个人会在同一时间，做出同样的事情。也不知是上天刻意安排，还是如霍金所研究的那个课题一样"时间对称"，正当简·王尔德想要去探望霍金的时候，霍金也正在努力赶来看望简·王尔德，两人竟然在车站意外相遇。

霍金从站台上摇摇晃晃地走过来，手里提着一个棕色的帆布手提箱。他看上去很快活的样子，穿着米黄色雨衣，戴着红色领带。两人相见后相视而笑。简·王尔德看到霍金好像健康的身体，一扫心中想象的枯槁濒死的病人模样。

他俩一同坐上去伦敦的火车，在车上聊着天。简·王尔德几乎忘了她对面坐着的男人仅有两年的生命。霍金显然是迷恋上了简·王尔德，对她发出了深情的邀请。

"见到你后，我很安心。现在我要回剑桥，但每个周末我都回圣奥尔本斯的家，那么下周末的时候，是否愿意与我一同去看戏？"霍金说这话的时候，一点都不像一位身患绝症的将死病人。

"我当然愿意！"简·王尔德的回答直接又干脆。

简·王尔德在她的自传《音乐移动群星》中回忆了当时两人甜美的约会："星期五晚上，我们在索霍的一家意大利餐厅见了面，在那里吃晚饭本身就足够挥霍的了。然而，霍金还有戏票，因此我们只好仓促地结束了相当奢侈的晚餐，以便能及时赶到河南岸老维克剧院看《沃尔波内》的演出。"

这是一次让两人此生都难忘的约会，霍金花了他所有的积蓄，请简·王尔德吃了一顿豪华晚餐，并观看了昂贵的演出，结果他没有钱买回家的车票。为此霍金还幽默地对一位流浪汉表现出抱歉的样子。

简·王尔德对于霍金的这个举动不但没有生气，反而高兴地请霍金允许她为俩人买车票回家。意外总是戏剧般出现，虽然他俩都不是天生的演员。当乘上汽车，简·王尔德准备买车票时，发现自己的绿色钱包不知在何时丢了。为了避免售票员对他俩产生故意逃票的误解，两人竟然一同跳下了汽车。

他俩的第一判断是简·王尔德的钱包掉在了老维克剧院，当两人互相搀扶气喘吁吁来到剧院时，主要入口的通道已经关闭。

此时霍金表现出一名绅士的样子，使劲推开通往舞台的侧门。门应声而开，通道上的灯还没有熄灭。他们于是蹑手蹑脚地穿过舞台，下了台阶走进昏暗的观众席。简·王尔德的钱包果然在他们原来坐的座位下面。在找到钱包的同时，剧院的灯突然全部关闭了。

陷入一片黑暗之中的简·王尔德听到霍金坚定地说："拉住我的手，带你走出黑暗。"

第六章

与疾病抗衡

　　霍金还是在约定的时间内，准时来接简·王尔德去看歌剧。他跟跄着，在穿过街道时摔倒在路中间。这时另一方向的交通信号由红转绿，眼看一些汽车即将驶来，简·王尔德奋力扶起霍金，并在路人帮助下，将他带离了马路。这是一次惊险的经历，如果不是简·王尔德在身边，那后果不堪设想。这次意外深深地刺痛了她那颗满怀怜悯的心。

五月舞会

1963年，在美国康奈尔大学举行了一次关于惠勒·费恩曼电动力学和时间之箭的会议。在会上，很多与会者讲了很多废话，那些话都是围绕着时间之箭展开的，这让费恩曼很反感。他做出了一个出乎大家意料的举动——拒绝把自己的名字印在会议文集上面。不过，与会者都称呼费恩曼为"某"先生，虽然没有明确说出来，但每个人的心里都清楚，那个"某"先生指的就是费恩曼。

接着，霍金就知道了一件事情：霍伊尔和纳里卡已经把惠勒·费恩曼电动力学研究明白了，他们继续去研究新的引力论，那是关于时间对称的。霍伊尔在皇家学会的会议上公开了自己的理论，就是进一步解释了稳恒态宇宙论的一些观点。在论文发表之前，他在皇家学会上，向人们敬重的著名科学家们阐述了论文要点。这次会议是一次演讲会，霍金也参加了，他在这次会议上发表了自己的观点："在稳态宇宙中，所有物质的影响会使它的质量无限大。"

霍金的这个鲁莽举动不仅让听众感到震惊，也让霍伊尔万分难堪，因为这个观点是在反驳他的理论。

霍伊尔问霍金："你为什么这么讲？"他确信可以轻易地驳回霍金对他的新研究成果提出的质疑理由。

霍金却自信地对霍伊尔说："我计算过它。"

在场的所有人都认为，霍金是在演讲期间把心算做完的。其实，霍金根本没有那样做，真实的情况是，他的办公室和霍伊尔的研究员办公室相邻，在办公室里，霍金早就看到了论文草稿。在没有去开会以前，他就已经做出了准确的计算。

这件事后，霍金开始受到科学界的注意，他由此找到了博士论文的主题"宇宙扩张的特性"。此后霍伊尔不甘心，他似乎被霍金激怒了，同时他也感到霍金是个和别人有不同想法的人，也是一个善于思考的人，无形中被霍金的这种严谨的科学态度所感动。

当时霍伊尔教授的事业非常成功，他的名字家喻户晓，声望足可以向政府施加压力。当时他正想创建属于自己的研究所，现在计划可能被霍金打乱。霍金在他的自传里，谈到霍伊尔的时候，这样写道："他以为有人煽动我去破坏他的计划。"会议结束之后，霍伊尔终于成立了属于他的研究所。霍伊尔并没有继续讨厌霍金，而是给了他一份工作。霍伊尔并不是真正讨厌霍金，如果一个人真的厌恶另外一个人，那是绝对不会给他工作机会的。

霍金所读的三一学院相比其他学院比较小，它是由各种不同建筑构成，风格古朴，大部分建筑是在维多利亚时期建设的。学院里有花坛、抽象的雕塑以及研究员专属草坪，护院河围着学院流淌，河上有一座如神话般的拱形桥。霍金的研究生宿舍楼是20世纪 30 年代的建筑，掩映在亚当斯路拐角处的花园里。

在剑桥大学的霍金一如既往地谈笑风生，就算健康问题这么折磨着他，也依然乐观地对待学习和生活。他想着和简·王尔德一起度过美好的时光，那次老维克剧院的风波以后，他更加喜爱简·王尔德大方得体的性格，认定她是自己心目中的那位"公主"。

自从两人确定恋爱关系后，霍金开始心神不宁起来，他几乎忘了身体的不适，也不在意别人对他的看法，他除去思考研究宏观宇宙的课题外，其余时间就是想念简·王尔德。6 月份剑桥大学将有一场"五月舞会"，这是每年一度的学院盛会，霍金首先想到的就是邀请简·王尔德参加。

那天简·王尔德刚回到家，她的母亲就迎了上去，告诉她霍金从剑桥大学打来邀请她参加舞会的电话。

"我告诉他,你在6月要参加玛吉姑妈学生的演出。"母亲遗憾地对简·王尔德说,"到时你姑妈也会从南非赶来英国,你应该去见她。"

对于母亲干预她的私事,简·王尔德真的很生气,因为剑桥五月舞会的隆重她早就有所耳闻,并且十分向往。好在霍金再一次打电话来确认时,简·王尔德立即就答应了,她才不去管母亲站在电话机旁的抱怨。

"五月舞会"举行时间临近的时候,简·王尔德买了套蓝白相间的丝绸礼服,这花去了她的所有积蓄。为了能去剑桥,她必须给自己赚些路费,她开始在圣奥尔本斯打工,第一份工作是在电话交换台,她根本不知道要如何操作,面对一个个闪烁的指示灯时,不知所措的她慌忙拔出控制板上的导线,再将其他导线插入,导致公司电话线路乱作一团。

毫无社会经验的她频繁地换着短暂的工作,直到在威尔文花园的一家制造电子起搏器的公司当秘书时,才觉得比之前干过的任何工作都更有趣。也许在她擅长的岗位,才能发挥出自我的优势,她竟然攒下了一些零花钱。

舞会时间到了,霍金开着他父亲弗兰克的老福特汽车去接简·王尔德,这真是令她感动。才间隔不长的日子,霍金的身体就更不如以前了，他走路不太稳，还要自己开车，这让简·王尔德担心不已。老福特汽车像一辆坦克，庞大又陈旧，发动起来有着"突突突"的声音，车牌号"VOY"是西班牙语第一人称单数，意思是"我去"。

幽默俨然是霍金家传的基因。让人更担心的是他身单力薄地支撑在方向盘上，尽力保持着能看清仪表盘的姿势，然后也仿效起他父亲那样，将这辆老福特车开得飞快，也不管是在山道还是拐弯处，不仅超车还逆行。汽车的速度赶上了火车，它越过赫特福德郡的田野和树木，飞速来到了剑桥开阔的草地上。一路上简·王尔德几乎不敢看前面的道路，从霍金这种"英雄"式的驾驶来看，他已经不能完全对自己的方向感进行控制，只凭着感觉前进。

对简·王尔德来说，这几乎是在接受随时都可能撞车的折磨，在回去的时候她又经历了一次。原本她是要乘坐火车回圣奥尔本斯，但霍金的固执再一次体现，他执意要亲自开车送她回家。霍金其实心里很明白，这样的机会往后会越来越少。事后想起来，两人都觉得当时很甜蜜，因为再往后，霍金的肌肉逐渐失去控制能力，无法开车"疯狂"了。他坐上轮椅后，就没有换过别的出行工具。

按照剑桥的传统，"五月舞会"不仅是学生庆祝的节日，还是学校向社会敞开大门的时候，在舞会期间剑桥大学的各个学院

　　都向来客们开放。霍金带着简·王尔德到三一学院的宿舍，房管员分配给简·王尔德一间楼上的临时房间。舞会将在当天晚上进行，乐队演奏乐曲早在傍晚就隔着河传到宿舍里。

　　霍金邀请换好衣服的简·王尔德到国王广场拐角的米勒饭馆共用晚餐。通过餐厅的窗户，那里能看到国王学院的尖顶，它们在夕阳下显得分外的迷人。在暧昧的环境中，简·王尔德与霍金在餐桌上对视，一副标准的微笑挂在霍金的脸上。她看着笨拙的霍金连拿刀叉都有些费劲时，很想主动帮助他，但又怕伤到他的自尊，只好也微笑地看着他。

　　晚餐后，他们手挽着手，慢慢地穿过巴克斯的草地，来到三一学院的老式庭院。四重奏弦乐队演奏的乐曲已荡漾在夜空中，学院内挂满了闪烁的彩灯，闻声起舞的学生们围着中心一棵高大的红山毛榉树翩翩而舞。他俩穿过喧哗的人群，来到一旁的食品台前各自倒了一杯香槟，霍金向简·王尔德抱歉地说道："简，我很想与你跳舞，但我的脚已不听从我的使唤。"

　　此时的简·王尔德心生怜悯，搀扶着霍金坐在河边的长椅上。在夜色的掩映下，听着远处传来和缓的音乐声，离开了热闹的舞台中心，河边的两个人在静静地聆听。霍金对于开玩笑比较在行，但当时他所说的每句话都无法让简·王尔德高兴起来，因为她在无形之中，似乎看到了自己将肩负重责。

人的生命都是脆弱的，任何人都不能保证可以健康一辈子。简·王尔德爱着霍金，这一点她对自己深信不疑。舞会结束后，她将启程到西班牙。离开的日子最多的就是思念，她不再深究霍金的病情，唯有爱情能让她对霍金不离不弃。离家的时候，她的情绪极其低沉，常常感到忧愁和孤独。

独处的时候，简·王尔德想的全部是霍金的事。经过考虑，她觉得与他建立任何关系都是危险和短暂的，而且有可能令人心碎。但她能够帮助他，即便这仅是一场如烟花般的幸福。这时她才意识到，霍金是她最想念的人。

开车的事，让父亲弗兰克更是担心儿子的身体，他来到剑桥的三一学院，找到了霍金的导师西阿玛，并问他能否在短于 3 年的时间，让霍金完成博士学位的学业，因为他的儿子可能活不了那么长。这的确是个让人心碎的问题，可西阿玛表示按照学校的规定，霍金无法提前完成学业。

在《黑洞不是黑的》一书中刊有霍金的一句话："我相信上帝不存在是最简单的解释。没有东西创生了宇宙，也没有任何东西掌握我们的命运。这导致我深切地意识到，也许不存在天堂，也没有来世。我们拥有此生以鉴赏宇宙的大设计，对此我极度感恩。"从这里可以知道，霍金对待生命的态度是积极和深沉的。

"只有今生，没有来世。"在独处的时候，人的精神有时会处于游离状态，灵魂接近出窍时，是极端的寂寞。霍金的状态就是如此，他逐渐失去各种能力，从最开始的偶尔摔倒，到双脚无法支撑身体；从吃饭拿不稳刀叉，到无法下咽；从说话结结巴巴，到丧失说话的能力。常人看到他越来越脆弱的样子，而在自己的内心，他拥有着强大的力量。

爱的折磨

　　1963年，简·王尔德在西班牙刚住了两个星期，就因为严重的水痘，被迫待在七层公寓的房间里。她很想念霍金，当时电话联系是不可能的，于是她给霍金写了好多封信，可是信寄出后没有收到回信。11月，她从西班牙回到家中，又试图和霍金取得联系，还是没有成功。

　　"心有相思人难眠。"不久她收到了霍金的来信。信是用打字机打的，像封公函似的写着："亲爱的简，你打到家中的电话已由母亲转达，我万分思念你并盼望能见到你。这周末有一场《漂泊的荷兰人》的歌剧表演，希望能同你一起欣赏。"这封看似平常的邀请信背后，却是从侧面告诉了简·王尔德一个信息，就是霍金的病情已越发严重了，他无法用手正常写字，而只能借助于打字机。

就算这样，霍金还是在约定的时间内，准时来接简·王尔德去看歌剧。他踉跄着，在穿过街道时摔倒在路中间，这时另一方向的交通信号由红转绿，眼看一些汽车即将驶来，简·王尔德奋力扶起霍金，并在路人帮助下，他们离开了马路。这是一次惊险的经历，如果不是简·王尔德在身边，那后果不堪设想，这次意外深深地刺痛了她那颗满怀怜悯的心。

待看完《漂泊的荷兰人》后，简·王尔德在她的自传中写道："我感到史蒂芬·霍金强烈地认同主人公，也就开始理解他疯狂开车的举动。命运捉弄了他，他父亲的汽车成了发泄忧虑和愤怒的工具。他也是在四处漂泊寻求援救，但是那种处事方式只能称为蛮干。"

恋爱中的男人为了讨好对方，都会戴上一副面具，在追求女生的时候会将自己最好的一面表现出来。其实，女人亦是如此。在彼此亲近后，不但女人会有各种各样的问题，男人也会有各种想法，他们会想：她和我在一起愉快吗？她喜欢我吗？我和她在一起时身上会有怪味吗？所以，并不是只有女人有疑问，男人同样也会有，但这些都足以证明他对你的爱。

之后的每个周末，简·王尔德都会买 10 先令的车票，坐火车去剑桥照顾霍金，而当时她每月仅有 10 镑津贴，来往剑桥的路费就花费了相当一部分。可这又有什么关系呢！他们都急切地等待着对方，在简·王尔德将她全部的感情投入到对霍金的爱中时，霍金却表现出了顾虑。

因为霍金的身体越来越不好，无法频繁地往返剑桥大学和圣奥尔本斯。简·王尔德觉得有必要了解一下有关霍金健康的更多情况，她去伦敦中心寻找已成为医生的朋友，调查各种神经疾病研究机构的资料，可惜没有什么收获。

霍金的健康问题就一直成为简·王尔德担心的事，她在《音乐移动群星》一书中说道："我自问，与威胁我们所有人的命运相比，史蒂芬·霍金的命运更凄惨吗？我们都生活在核乌云的阴影下，谁也不能指望圆满地活 70 年。"

由于霍金对自己的疾病有一种前景无望的预测，因此他不打算与简·王尔德建立长期、稳定的恋爱关系，这让每次欢欣鼓舞而来的简·王尔德都会含着泪水返回。在涉及感情的问题上，霍金迟迟不表白，拒绝在她面前谈论病情。简·王尔德也一再忍让，她凭直觉来了解霍金的感情，无意中两人形成了不交流内心感受的恋爱方式，而这种方式是让她无法忍受的。

医生告诉霍金只有两到三年的寿命，而他在人生的最后时刻坚持不懈，并不知疲倦地与命运抗争。医生对他说："不要忙着跑来医院，因为对于病情，我帮不上更多的忙。"这似乎是种比无奈更伤人的无助。霍金他自己很清楚，对于简·王尔德，自己是无法给她一个未来的。

能让人痛彻心扉的，就是欲爱而不能爱。面对脆弱的生命，霍金还是希望简·王尔德在爱情方面，能有个比他更好的归宿。对于简·王尔德来说，与霍金在一起，就是她全部的期待，她愿意与霍金一起挑战病魔，也心甘情愿地照顾霍金，可他还是表示无法抗拒病魔缠身的命运。

在简·王尔德离开英国的日子里，霍金开始拄拐杖走路，他的身体不仅没有变好，反而越来越差，性格也由于极为消沉而失去风采，常陷于沉思而沉默不语。一次简·王尔德与他到三一学院的草坪上打槌球，然而霍金却忘了简·王尔德的存在。他把拐杖扔到一边，发出粗鲁的指令后拿起木槌，在整个球场里槌击简·王尔德打出的球，一直到达终点。

她发现霍金并不掩饰这份对于周围事物的敌意，因为他常常失落。他也在尽力阻止自己与简·王尔德的进一步交往，以至于让她感到自己出现在霍金面前，是在给他创痛的伤口上撒盐。霍金并不拒绝简·王尔德的爱，实际上他内心也在进行着挣扎，面对即将到来的死亡，他深知自己无法给她带来幸福。

这个现实的问题，让两颗深深相爱的心就这样互相折磨着。

他俩的恋情，是一种患得患失型的恋爱，也是一个典型的矛盾综合体。对待爱情时而过于冷漠，时而又热情过头，而简·王尔德总想不明白霍金到底在想什么。这样的恋爱心理是由于不自信导致的，霍金不敢表现得太过热情，又因为爱着对方而难以压抑自己的感情，这样却最终弄得双方筋疲力尽。

不过这种状况在霍金去德国后得到转变。

1964 年的暑假来临，在霍金去德国期间，简·王尔德也去了意大利，分开的两个人正好有时间来冷静地思考这段感情。

霍金和妹妹菲利珀去德国，参观具有瓦格纳音乐圣坛之称的拜罗伊特。那里的费斯特施彼尔剧院非常著名。在霍金家，看歌剧似乎是一个固定的消遣活动，这是把音乐和戏剧结合起来的艺术，能让人产生巨大力量。而看歌剧时观众也必须佩戴珠宝钻石，身着盛装，戴上蝶形领结，与演出者保持一致。

关于看歌剧还是芭蕾舞，霍金曾与简·王尔德有不同意见，他觉得她喜欢看的芭蕾舞不过是浪费时间，音乐浅薄琐碎，不值得花力气去听。这观点伤了简·王尔德的心，当她拥有《罗密欧与朱丽叶》的芭蕾舞票时，就不想与霍金一同去观看，而选择与她的同学一起。

简·王尔德也一度犹豫对霍金的爱，想到更多的是他需要她给予生活中的帮助。母亲知道女儿的心事，她对简·王尔德说："战争开始的时候，我选择嫁给你的父亲，因为如果他受伤了，我希望能独立照顾他。"这番话触动了简·王尔德。

有时身处恋爱之中的人，常会被爱情冲昏头脑，想问题过于执着或是表现偏激。男人是不会把一段感情复杂化的，也不会把时间花费在没完没了的琐碎事情上。他们习惯花少量时间和精力就能得到结果和效益。

正当简·王尔德怀疑自己的感情时，这段爱情出现了转机。在德国的霍金给身处意大利的简·王尔德寄去了一张明信片，那是萨尔茨堡的风景画。

收到这样出乎意料的信件，让简·王尔德欣喜若狂。在这段不确定的爱情中，霍金表现出了他的勇敢，这是一封他的表白信。是什么给了他勇于接受自己的力量，应该说是什么让他在内心得到转变？因为他不到最后一刻，是不会说出自己真实想法的。面对命运的折磨，霍金开始直面人生。

他在写给简·王尔德的信中说，他在德国到达萨尔茨堡时赶上了音乐节的末尾，那个音乐节和拜罗伊特大不相同。在德国的火车站，霍金狠狠地摔了一跤，将他的大门牙摔断了，因此他又去了姨夫的牙科医院做了一次牙科手术。信中表达了他对她的想念，希望在暑假一结束后，就能与她相见。

也许是为了尚且活着的自己在这个世界上不留下遗憾，霍金选择了接受生活。对于自己的疾病，更多的是乐观自嘲，就算有人对他表现出不恭敬也能坦然接受，并宽容以待，这兴许就是他个人魅力所在，以至于在后来的日子里，得到全球人的崇拜。

等到简·王尔德从意大利回来，霍金就高兴地带着异国的纪念品，去简·王尔德家看望她，两人促膝而谈。对于未来，霍金表现出了乐观的态度，对于无望的疾病他认为应该珍惜每一天，特别是要珍惜身边人，也就是珍惜简·王尔德对他的感情，况且他也是爱着她的。

突破了心理上的阻碍，在 10 月的一个星期六晚上，霍金准备好了婚戒，在剑桥向简·王尔德求了婚。那天下着淅淅沥沥的小雨，在雨中得到简·王尔德肯定的答复后，霍金扔掉了手中的拐杖，两人相拥在一起。

两人订下婚约

经历了将近两年的疾病折磨，霍金发现自己并没有死。

他惊讶于自己的发现。享受生活成了他主要的生活动力，向简·王尔德求婚也提起了他全部的勇气，虽然每天都过得像是"末日"。

他在《我的简史》一书中写道："但是我没有死，尽管我的未来总被乌云遮盖，我非常惊讶地发现我可以享受生活。事件发生根本变化的原因是我和一个名叫简·王尔德的姑娘订婚，我是大约在被诊断为 ALS 病时邂逅了她。这给我了某种生活的动力。"

一旦做出这个重大的决定，其他一切事情都开始变得顺利。如果说这不是完全自然而然的，那么可以说是借助了一些决心和努力。他们荡漾在幸福和欢乐的潮流之上，度过了一年又一年。之前的忧郁、无望都在爱情中变得弱化了。两个家庭对于这样的特殊婚姻，是心照不宣的。霍金需要人照顾，而简·王尔德又深爱着他，那么先前的那些顾虑都被抛到了一边，简·王尔德的父母是看着霍金和女儿一起长大的，这个孩子的为人，他们是放心的。即使对他们在生活中可能产生不便而有些担忧，不过看着积极乐观又有所成就的霍金，做父母的也就放心了。

听到这个订婚的消息，感到最吃惊的人要数他们的朋友戴安娜了，她对着简·王尔德大声地惊叫："哎呀，简！你要嫁到一个非常癫狂的人家去了！"因为戴安娜见识过霍金家的古怪习惯。可是当简·王尔德走进霍金家时，一切都得到了澄清。霍金家几乎没有传言中所说的事情，他们很少把书拿到餐桌上，尽管其他客人有那种偏好。吃饭时间是大家聚在一起聊天的时间，聊天的话题都与国家大事有关，而非一般家庭中的衣、食、住、行之类的生活问题。

霍金一家相对来说在物质方面还是十分节俭的，宁愿用经证明可靠的老式器具，而不要新潮的东西。当然在供暖方面，他们寻找物质的要求要低一些，房子很宽敞，用暖气有些浪费能源，不如让孩子们多穿些衣服，出门也不会感冒。关于修房子的事，简·王尔德的父亲亲自尝试过，比起自己修的话还是请专业人员来修更合理。

　　他们把结婚日期定在 1965 年 7 月，接下来的日子，他们两人都在为一个共同的目标努力着，就是即将举行的婚礼。首先霍金要有一份工作，而要得到工作，必须完成他的博士论文。为此他觉得自己一生中头一次开始用功。令他惊讶的是，他发现自己喜欢用功。在此期间，为了养活自己，他向龚维尔和基斯学院申请研究奖学金，这是一所剑桥大学内的学院。

　　简·王尔德也要向她的学校威斯特菲尔德提出允许已婚大学生继续学习的申请。她的父亲希望她能完成自己的学业，可此时的压力来自霍金的父亲，他一再提醒简·王尔德，等她正式毕业还需要一年的时间，对于霍金所患的疾病，似乎有些长，因为谁也不知道他还能活多久。霍金的疾病成了两个家庭的无形压力，就像隐藏在幕后的恐怖幽灵，影响着这位刚成长的少女。

　　她鼓起勇气去向院长马修斯夫人说明霍金的情况。院长办公室是摄政时期建筑风格的房子，简·王尔德用颤抖的手敲开了马修斯夫人的门。院长开始皱着眉头焦虑地盯着简·王尔德，以为是有学生之间的投诉。当简·王尔德向她说明要在学期中结婚的事后，马修斯夫人的态度依旧冷漠。

　　在学校众多的学生中，马修斯夫人几乎不记得简·王尔德了，她只在入学时见过一次，印象早已淡了。还好简·王尔德谈的不是其他涉及学校的重要事情，她微微想了一下，答复简·王尔德说："不要担心，我不会吃了你。当然，如果你结婚，就必须住在校外。你明白吗？"

学校的女生宿舍不能接受带着丈夫的女学生入住，这是完全可以理解的。简·王尔德感谢马修斯夫人没有完全否定他们的计划，心里有些激动，这也给了她勇气和帮助。而她还有一个困难就是必须在来往于大学和剑桥之间的一年内，拿到毕业文凭并获得学位。

霍金也觉得没有简·王尔德在他身边，生活变得越来越不便。1965 年 2 月，霍金需要简·王尔德帮他打印一份申请表。那天霍金在寒冷的早晨，提前主动地到三一学院的主楼房间里迎接简·王尔德的到来，这让她感动不已。但当她脱去外套露出打着白石膏绷带的手时，霍金的脸上现出了震惊而又失望的表情。

霍金在《我的简史》中写道："因为我日益严重的笨拙使我无论是书写还是打字都很困难，希望简能打印我的申请表。但等她来剑桥看我时，她的手臂骨折了并打了石膏。我必须承认，我本应该给她以更多的关心。然而，受伤的是她的左臂，所以在我口授下，她能写好申请书，而由我求其他人打印出来。"

对于这次简·王尔德的受伤事件，她无法开口在电话里告诉霍金，因为是她和男同学在学校舞会上跳舞时，由于地板擦得过分光亮,使她的高跟鞋打滑而摔伤。她怕提前告诉霍金会引起误会,但见到霍金不是怀着未婚夫等候心上人的心情,而是要心上人施展秘书的技能时,简·王尔德不高兴了。

但她没有发脾气,而是忍着手臂的伤痛,用没有受伤的另一只手写出了那份申请研究员职位的申请书。在这份申请中,霍金还需要两位能在研究工作中,给他提供推荐的人。导师西阿玛建议霍金请求赫尔曼·邦迪当其中一位推荐人,他是国王学院的数学教授,并且是广义相对论专家。

还好,申请书在规定时间内交了上去,可随后的情况并不那么顺利。赫尔曼·邦迪退回了推荐,说他并不认识霍金,可明明他先前还帮霍金推荐论文给皇家学会会刊发表。其实霍金不应该责怪赫尔曼·邦迪教授。比如我自己也在本地一所大学教学,每学期的学生很多,也是不能记住每个学生的样子,有时新学生和旧同学也会混淆。而学生对于教授自己的老师,印象却是很深刻。

所以赫尔曼·邦迪教授虽然遇到过霍金两回,但没有正式见过面,也不是导师关系。对于霍金几乎是没有印象,仅凭一张申请书上的名字,他无法与其人联系起来,还好霍金知道后立即给赫尔曼·邦迪教授打去电话才争取到了推荐。研究员职位的面试通知如约而至,霍金有充分的机会以有力的论证给委员会成员留下良好的印象。成员无论在其他领域里多么有名望,都不是宇宙学家，对于一个宇宙学家进入研究员行列，研究委员会还是比较感兴趣和欢迎的。经过此事后，赫尔曼·邦迪教授才真的对霍金这名学生产生好感，并热情地支持着霍金的事业。

当霍金的名字出现在新研究员名单上时，意味着霍金将得到研究员的奖学金，有了这笔钱后，他俩就可以按照计划在7月份结婚了。事实上，他俩庆祝得太早，新任命的研究员要到10月份才能就职，在就职之前无法提供薪水，而且对于研究员也没有更多的福利，包括他俩急需结婚的住房。

因为没有单独的住房，简·王尔德很不乐意住在霍金的宿舍里过夜。看门的管理员态度粗暴，并讨厌年轻女士来访，每晚都要在霍金的宿舍门前转悠，就像一头正在捕猎的动物，只要一嗅到丑事的气味，就会立即扑门而入，抓住他俩的越轨行为，还好他的希望总是落空。霍金知道自己订婚以后会给室友带来不便，每次简·王尔德来时，都安排她到自己在学院周边的亲朋好友家过夜，对于霍金的情况，他们也都是乐意帮忙。

在无法立即得到研究员薪水期间，霍金只好大致推测他的收入可以租得起怎样的房子。不论如何他俩还是在努力地建立起自己的小世界，在他俩眼中，面对的最大困难就是生与死的博弈，而非人与人之间的利益，虽然霍金需要研究员奖学金用来结婚，但那些都是可以克服的。唯有命运给他安排的疾病，让他无能为力。

可他不服输，也不向命运低头。逆境是人生必经之路，能勇于接受逆境的人，生命才会日渐茁壮。就像泰戈尔所说的："像一支和顽强的崖口进行搏斗的狂奔的激流，你应该不顾一切纵身跳进那陌生的不可知的命运，然后，以大无畏的英勇把它完全征服，不管有多少困难向你挑衅。"

只有不向命运低头，才能拥有无限可能。有目标的人走路姿势是向前的，而人生就是行走在迷雾之中，远远地望去是迷蒙一片，辨不清方向，也不知道吉凶。可是霍金鼓起勇气，放下自己的怀疑和简·王尔德一起向前走的时候，他发现每走一步都能把脚下的路看得清清楚楚。

第七章

巅峰时刻

　　1965 年的一个星期六，霍金的第一篇参赛论文错过了邮寄时间，不过他的努力还是获得了回报。几个星期后，霍金从剑桥大学打电话告诉简·王尔德，他在"万有引力奖"中得了"鼓励奖"，奖金是 100 镑。在当时，这可是一笔巨款。加上简·王尔德的 250 镑的存款，除偿还霍金透支的费用以外，还买了一辆红色的小汽车。

理论天文研究员

20世纪60年代中期，这是霍金一生中重要的转折时期。他与简·王尔德订了婚，使他不仅在身体上得到了照顾，而且在心理上也有了安慰。后来，他在众人的努力帮助下完成了博士毕业论文。那时的霍金意识到，将来生活的道路是艰难的，为了维持两人的生活，他成为第一个获得理论天文研究所工作的人。霍伊尔指定他从事这项工作，而且还处处照顾他进行研究。

剑桥大学应用数学和理论物理系主任约翰·巴罗，在回忆霍金是怎样工作的时候说："霍金一直都在系里，只要没有在外旅行，他每天都会来系里参加讨论和研讨会，他一直在关注学科的发展。他也总是想要知道科学界发生了什么，这就要有人告诉他。他喜欢喝咖啡，对咖啡有一点上瘾。在系里他总是非常积极地和其他人交流。当然，因为他在早上要接受治疗，所以没有办法参加太早的会议。"约翰·巴罗还说："他的整个职业生涯，唯一一件从没办法做到的事情就是教学——给本科生上课，所以他的整个生涯拥有的都是研究职位。"

是什么塑造了人们眼中的霍金，又是什么原因让他成为世界媒体的宠儿？该怎样理解他在研究领域对公众的发言，他是一个被赞誉的学者，还是爱因斯坦之后最伟大的物理学家？霍金本人就如同一个隐喻，出现在生活中的各个维度，他对于人类文明的方方面面都有评判和警示。

人们可以把他看作一个世界名人，或是看作一个研究宇宙起源和时空结构的神秘科学家，他坐在轮椅上瘦小的身躯震撼了所有人。美国高科技创业家纳丹·迈沃尔德回忆起他前往剑桥跟随霍金做博士后研究时，第一次见到霍金的感受。他说："只要你曾经和霍金一同工作过，看到他真实的病痛，你就很难会为自己感到难过。霍金的疾病所带来的痛苦足以摧毁任何一个人的精神。在这种情况下，每天思考宇宙的起源和黑洞的性质，研究那些距离自己上百亿年之前发生的事情以及数百万光年之外的天体似乎也是一种安慰，而这也让在他周围发生的一切都显得微不足道。"

自从1963年霍金确诊以来，运动神经元疾病就以一种缓慢但不可阻挡的趋势让他逐渐丧失行动能力，他的身体开始成为他的监狱。在与简·王尔德约会的时候，他还能以一种让人担心的方式开车，两人结婚后不久，他便坐上了轮椅，再也没能站起来。但他能自己做的事，尽量不让别人代劳。这种特殊的身体状况，造就了霍金的独特风格，作为一个理论物理学家，他首先必须能够尽量把复杂的问题简单化。

"物理学"一词源于古希腊，意为关于自然界的知识。众多古希腊哲人试图通过对自然界纯粹的观察来理解世界运转的规律与组成世界的物质本源。17 世纪，牛顿提出了万有引力定律和牛顿力学三定律，才使物理学成为一门精确的使用数学语言描述的自然科学。19 世纪下半叶，剑桥大学的詹姆斯·麦克斯韦将光、电、磁三种现象用电磁场理论来解释，使经典力学达到了前所未有的完整程度，让人们相信此时所掌握的物理学知识已经足以解释在自然界中观察的一切现象。

到 19 世纪与 20 世纪之交，为了解决热力学研究中的黑体辐射问题，当时柏林洪堡大学的物理学家马克思·普朗克开创性地提出了量子化的概念。人们开始意识到，量子概念揭示了自然界在微观领域运动规律的本质，与经典力学截然不同的量子力学也呼之欲出。爱因斯坦意识到了量子概念的价值，于 1905 年发表了一篇《应用量子化概念》的论文，利用光量子来解释光电效应，这个研究让其获得了诺贝尔物理学奖。

在第二次世界战之前，德国一直保持着世界物理学研究中心的地位，英国为了缩小与德国大学的差距，在剑桥大学建立了专门的实验室，进行自然科学的研究。1928 年剑桥大学的狄拉克结合量子力学与狭义相对论，提出了著名的狄拉克方程，他的学生丹尼斯·西阿玛也就是霍金的导师，主要进行天体物理学研究，他被认为是战后英国科学界的代表性人物，同时接受狄拉克指导的还有霍伊尔。

霍金是一名过于理论化的理论物理学家，理论物理学家不需要像实验物理学家们一样整日在实验室里忙碌，只需要在头脑中做计算就可以理解日月星辰运行的奥秘。霍金的研究领域并非纯粹依靠数学手段构建虚无缥缈的模型，他在 20 世纪 70 年代做出的最著名学术成果就是"霍金效应"，描述的对象是宇宙中广泛存在，但人类几乎没有任何机会进行实地探测的黑洞。

在此期间，所有人都以为霍金将不久于人世，他都在导师丹尼斯·西阿玛的带领下走到了人类宇宙学研究的最前沿。在 20 世纪 60 年代早期，宇宙学中的大问题是宇宙是否有起始，这就像鸡和蛋的问题。许多科学家本能地反对这个观念，并因此反对大爆炸理论，因为他们觉得一个创生之点会是科学崩溃之处。

当时提出两种可选择的场景，一种是稳态理论。在该理论中，随着宇宙膨胀，暗物质被连续地创生以使得密度在平均值上保持不变。稳态理论需要一个负能量场去创生物质，所以它从未拥有非常坚实的理论基础。这使它不稳定并容易导致物质和负能量无法控制地产生。

这个理论的优点是，它能给出确定的能够由观测来检验的预言。霍伊尔和他的支持者在 1965 年受到了打击，那时微波辐射微弱背景的发现打击了稳态理论。霍金在他的回忆录中写道："尽管霍伊尔和纳里卡竭尽全力，稳态理论仍无法解释这个辐射。我不是霍伊尔的学生倒也不是坏事，否则我必须去捍卫稳态理论。"

简单的解释就是宇宙经历过早先的收缩期，曾经在很高却有限的密度下从收缩反弹到膨胀。事实上是否如此肯定是一个基本问题，这也是霍金的博士论文需要研究的课题。引力将物质拉到一起，但旋转却将其甩开。霍金的第一个问题是旋转是否能使宇宙反弹。

霍金和乔治·埃里斯一起研究证明，如果宇宙是空间均匀的，也就是在空间的每一点上都是相同的，那答案是否定的。然而广义相对论的旧学派则证明，没有准确对称的一般收缩总会导致反弹，而密度保持有限。因为这个结果避免了关于宇宙创生的问题，他们写下一大堆方程组而试图猜出一个解，这不需要显明地解爱因斯坦方程，只需要证明能量是正的，而引力是吸引的。

1965 年 1 月，国王学院对这个论题做过课堂讨论，遗憾的是霍金不在场，没有参加当时的课堂讨论，不过与他同一办公室的卡特带回来讨论的内容，当时霍金和卡特都在剑桥新的应用数学和理论物理系大楼。

起初霍金不理解要点是什么。濒临死亡的恒星一旦收缩到一定的半径，就会不可避免地存在奇点，空间和时间会在奇点处终结。霍金确实已经知道，没有任何东西可阻止大质量、冷的恒星在其引力的作用下坍缩，直至它达到无限密度的奇点。事实上，他们只对一颗完美地球状的恒星进行坍缩解方程，而实际的恒星当然不会是严格球状的。如果这个理论正确，随着恒星坍缩，对球对称的偏离会增大，会使恒星的不同部分相互错开，因此避免了无限密度的奇点出现。但后来又被证明，对球对称的小偏离不能防止奇点的产生。

霍金意识到类似的论证可被应用到宇宙的膨胀上。在这种情形下，他能证明存在奇点，时空在那里有一个开端。广义相对论预言，宇宙应该有一个起始。奇点定理需要假设宇宙有个"柯西面"，所谓"柯西面"是一张超曲面，时空中的任何一条因果线都必须与它相交，而且只交一次。霍金的第一条奇点定理只不过证明了宇宙不具有一个"柯西面"。尽管看来很有趣，但在重要性上，这根本不能和时间有开端或终结相提并论。

他着手证明不需要一个"柯西面"假设的奇点定理，在接下来的几年中发展了广义相对论中的因果结构理论。实际上，霍金涉猎宇宙学的整个领域，这种感觉太美妙了。这和粒子物理多么不同，粒子物理学家们争先恐后地采用时髦观念。

随后，霍金把其中一些结果整理成一篇论文，它在剑桥赢得了年度的亚当斯奖。这是霍金和乔治·埃里斯合作的专著《时空的大尺度结构》的基础，这部书后来在 1973 年由剑桥大学出版社出版。

霍金娶了简·王尔德

成功会孕育更多的成功。

霍金在简·王尔德的帮助下申请到了"万有引力奖",这是由一位美国绅士捐助的,根据那个美国人的观点,只要发现了反引力,就能治好他的痛风症。可人们提交的任何论文都无法减轻这个人的痛苦,他还是进行慷慨捐助,用奖金给许多正在拼搏的年轻物理学家提供了经济援助。

两人的婚期渐渐临近,简·王尔德也在努力适应霍金家的生活习惯,可他们之间还是有些分歧,比如她喜欢彩色西班牙招贴画和费拉门戈舞曲唱片,还有买打折的衣服,都被霍金的家人视为粗俗和肤浅。霍金的妹妹菲利珀性格比较傲慢和难缠。她深爱着自己的哥哥霍金，出于某种情感她不愿有其他女人出现在霍金身边，这也导致她对简·王尔德态度冷淡。

简·王尔德比较喜欢姐姐玛丽，她温和又文雅，特别聪明而且意志坚定。霍金的母亲是位前卫又时尚的女士，谈论的都是艺术和生活情趣相关的事情，父亲弗兰克则有些偏执，有时会莫名其妙地发脾气。

在简·王尔德家，她的父母都是独生，她只有一个弟弟，对于霍金家庞大的家族成员她发出如下感叹："在霍金母亲一方，那些亲戚的特征是高高的颧骨、间距很近的蓝眼睛和栗色的卷发，而他父亲一方的亲戚都是长脸、双下巴。在我们家里，只有我和弟弟有些相似，而霍金家的 33 个堂亲和表亲兄弟姐妹，根据他们所归属的家族，看起来都很相似，而且他们都是霍金家的近亲。"

作为一个旁观者，简·王尔德觉得，拥有一个庞大家族网的好处在于有一种安全感，个人的损失可以从那种安全感中得到补偿。尽管他们之间仍然存在不和，密切的血缘关系却让所有人都相互依赖。由于他们人多，几乎不需要朋友，自己人就足够了，简直可以漠视外部世界。他们充满了能够在任何情况下轻松采取行动的信心，能确保自己的价值。这样的大家庭让简·王尔德感到兴奋，相比之下，她的家族圈子似乎过于小了。

也许，每个人在最初的时候，都不能清楚知道婚姻是什么，也没有谁能制订出伴侣的标准是什么。婚姻是两个人一起生活而组成的合法结合，双方都愿互相照顾对方，在婚姻中最难处理，也是最复杂的关系，就是家庭关系。如果没处理好是绝对能把一段原本稳固的婚姻瓦解的。

父亲弗兰克对简·王尔德就提出了忠告：如果希望有子女，那就不要拖延，并明确对她说霍金的病不会遗传。而简·王尔德觉得还要充分了解霍金病情恶化时可能出现的各种可怕症状。她努力尝试着接纳霍金后，还要接纳他的家族。对于两个人的今后生活，出于对疾病的考虑，担忧也多。两人结婚后，霍金可能只拥有短暂的生命，那么他所能履行婚姻关系的能力也会是短暂的。

现实中简·王尔德对于婚姻的理解是，爱着霍金就够了。愿意为他做饭、洗衣、购物和收拾家务，并且考虑到放弃自己远大志向的问题，她也是义无反顾。因为与爱人的生死相比，她的那些小困难都是微不足道。简·王尔德对弗兰克说："任何东西都不能阻止我和他结婚，我宁愿不知道医疗预断的详情。"霍金对家庭的保证是："我确信我们能够作为真诚而和谐的伴侣彼此合作，同疾病进行斗争。"

有了这些对婚姻和家庭的共识，两人计划的婚礼进展迅速，其间他们需要经常往返于圣奥尔本斯和剑桥之间，除了学习，就是做各种婚礼的准备。婚礼举行的地点定在三一学院的小教堂里，霍金提出不穿礼服和不戴康乃馨，也许因为康乃馨是剑桥考试生的标志，他有些反感，后来索性用西服和玫瑰花代替。两人意见相左的时候，简·王尔德都是略微表示一下不满，而后就顺着霍金了。她心地善良又不爱与人争执，性格与霍金不同。

终于，在 1965 年 7 月 14 日，两人在剑桥的夏尔厅办理了结婚手续。第二天是圣斯威逊节，传说这一天后每逢教堂有仪式或纪念活动均会下雨，兴许是讨个"好天气"的吉日。婚礼仪式定在了 15 日，这天是星期四。这是个喜庆的日子，天空果然如预计的一样，阴沉沉地下着时断时续的细雨。好友们帮助他们一起安排了婚礼，特别是负责宴会和接待亲朋好友之类的事。

仪式现场热闹非凡，简·王尔德回忆当时情景时说："菲利珀的大宽边帽子上插满了各色花朵的枝叶。到了傍晚婚礼宴会结束时，我的父亲在大厅里当众感谢霍金，把我从他手上递过去。我们坐上最近买的红色小汽车离开路边。"当时的婚礼热烈而俭朴，来参加婚礼的人大都是亲人、老师和好友，他们到此祝贺这对恋人结为夫妻。宴会时，来宾们一边品尝香槟，一边彬彬有礼地向他们道贺。对他俩来说，这是个隆重的日子。

我努力翻阅与霍金婚礼有关的资料，在《音乐移动群星》一书里看到了霍金和简·王尔德婚礼当天的照片。从照片上看，他们身边的十位都是父母、兄弟姐妹和长辈。霍金穿着打领结的西服，胸口佩戴着鲜花，神情潇洒。他一手拄着拐杖，另一手放在身边，微侧的身型显得特别自信和富有智慧。简·王尔德穿着白色结婚礼服，头披的婚纱稍微向后撩开，露出齐肩卷发的样子，看上去十分恬静，她手中的捧花也很别致。

婚礼结束后，他们选择在萨福克度过一周蜜月，这是他们能负担得起的旅行。那是个迷人的地方，拥有蜿蜒曲折的小巷和草木葱茏的花园，简·王尔德记得弥漫着潮湿气味的乡间教堂和半木结构的乡村农舍。虽然只有短短的几天，但他们白天外出游览清静的小村庄、宅院和海滩，晚上在布尔旅店里悠闲地品味柔和的"圣乔治之夜"的美酒。这次蜜月最大的收获就是令两人的爱情升华到了无与伦比的美好境界。

接下来的假期，他们参加了康奈尔大学的广义相对论的暑期班。

身处蜜月之中的两人，本来想利用假期时间去深造学习，没想到此行反而并不愉快。首先他们受到了肯尼迪机场的无理检查，工作人员觉得他俩看起来并不像已结婚的成年人。这一点从大学生的样子来看，没有真正走上社会的人，总带着"学生气"，没有什么大不了的。简·王尔德给检查的人看了护照，确定年龄后才得以放行。

从肯尼迪机场到达拉瓜迪亚机场需要乘坐直升飞机，高空的气流颠簸让霍金感到不适，他身上系着"X"形的保险带，两只手紧紧地握住简·王尔德的手。摇晃的机身就像失去重力一般，真怕有个闪失会从高空坠落。幸好，这一切很快过去，接下来换乘去纽约北部伊萨卡的飞机要平稳得多。

当飞机穿过浓重烟雾，在美国摩天大楼的上方飞过时，简·王尔德感觉那些楼顶就像巨大的钢刺，用锋利的尖端向他们刺来。简·王尔德对纽约最初的印象带着恐怖，她以为飞行了数千英里的地方，应该是个神秘而又陌生的国度，却不知美国人讲的也是英语，从而让她失去新奇感。

他俩被安排住在康奈尔大学的一座新公寓的三楼，这是一间双人房的学生宿舍。这座楼是学校的家庭住宿楼，楼道和走廊上都有奔跑的孩子，晚上幼儿啼哭声会划破夜空，让他们安逸地睡一觉都不行。三楼没有可烹饪的厨具，想沏杯茶都没有办法。更糟糕的是，公寓离霍金上课的地方有1英里的路程，简·王尔德每日都需要陪着他两头往返。

艰苦的环境磨炼着两位新人，他们不仅要营造家庭的气氛，还要做好各自在家庭中的角色。简·王尔德买来了平底锅和一些炊具，在三楼的宿舍里安了个临时的家。每天送霍金去上课后，她就用借来的打字机和写字台为霍金的博士论文整理稿件。虽然条件艰苦，但二人世界过得还是有滋有味。

　　这般折腾后，简·王尔德在一位接待员的帮助下找到了当地的商店，可她刚想抱怨所住环境不佳时，不料对方反而批评起了英国的生活条件差，让简·王尔德一时无言以对。想来出门在外，都是有不习惯的时候，但又有什么关系，世界上不幸的人多着呢！要是人人都抱怨的话，那这个社会早就乱套了。可现在看来，一切不还是好好的？所以简·王尔德觉得没什么可埋怨的，就像她照顾霍金的生活，诸多不便的时候，还不是挺过来了？

　　霍金此行，给他今后的研究和发展带来一定的影响，他在暑期班遇到了多位物理界的领袖人物。而参加这种国际科学界的活动，让他非常兴奋，这表明霍金已经在该领域里开始得到承认。霍金也是在此时和罗杰·彭罗斯在称为"奇点理论"或引力坍缩理论的数学研究项目上进行了合作。这种理论提出：正在经受引力坍缩的任何星体必然形成一个奇点，即时空的一个区域。在这个区域里，由于时空的弯曲变得无限大，相对论的定理即不再成立。

　　也就是说，当一个恒星的表面和质量收缩为零时，它在自身的引力下坍缩。鉴于这种情况，罗杰·彭罗斯推测，那个奇点就隐于后来所说的黑洞中。霍金相信，那些方程式在时间上可以倒过来，证明宇宙的任何膨胀模型都必然以一个奇点为开端，因此为"大爆炸"的理论提供了基础，方程式也为他提供了论文的重要支持。

面对疾病暴发

命运带给霍金的苦难实在是太多了，常人很难想象，也是难以忍受的。

但噩运在他顽强的挑战面前似乎退却了，几年过去了，他还是坚强地活着。如果他在命运面前软弱一下，对自己说"算了，反正一共只有两年了"，就可能在痛苦的生活中平庸地消失。霍金心里想反正就是一死，命运的能耐再大，最坏也不过如此。

他对自己说："时间只有两年，不算多。要努力做些有意义的事，让生命留下一点辉煌。"疾病不断地向他进攻，他的病情渐渐加重，肌肉一天天地萎缩下去，走路越来越不稳，连站也变得困难起来。

　　暑期班的最后一个星期,有人提议组织家庭社交活动。让简·王尔德没有想到的是，欢乐的野外聚会最后演变成一场急救。那天康奈尔大学的朋友们为他们安排了一次安大略湖上的航行活动。当游船迎风起航后，霍金仰靠在船上沉思，欣赏着在一碧如洗的天空下简·王尔德的泳姿。湖水轻轻拍着船身，这宁静而欢乐的时间持续到了傍晚，那天的风似乎有些大，吹得岸边的枝丫噼啪作响。不知不觉船被吹离了港口，经验并不丰富的船员焦虑地发射闪光弹作为求救信号。

　　等他们回到宿舍时已到深夜，可能霍金在湖面的冷空气中着了凉，他突然剧烈地咳嗽起来，咳得气都无法喘过来。这可吓坏了简·王尔德，她还是第一次遇到这种情况，一时间不知所措。眼看着憋得脸色酱紫的霍金几乎要气绝身亡，简·王尔德本能地去拍打霍金的后背，希望卡住气管的某个东西能吐出来。此时站在旁边一同回来的朋友也被此景吓住了，竟然忘了叫救护车。还好在简·王尔德的猛烈拍打下，霍金恢复了呼吸，他筋疲力尽地瘫倒在躺椅上。

　　这次的意外不仅打乱了原定访问加利福尼亚的计划，还让简·王尔德明白她将要面对的是一场怎样的护理战争，为了抢救随时都可能出现危险的霍金，简·王尔德决定去学习一些医护知识。除此以外，还有一件让她担心的事，就是霍金对于事业的专注，令她觉得自己很失宠。

她在自传中这样来形容霍金对待他的物理学："物理学似乎以这种或那种方式使她们所有人都做出了牺牲。不管是否彼此友爱或友好相处，她们具有一个共同点：她们实质上都已经成了寡妇——物理学的寡妇。"由此可见，事业心强的男人在家庭中所扮演的角色是个"另有新欢"的男人，对于家中的妻子反而照顾得少了。这是具有两面性的，如果对事业不专注的男人，那又会让人觉得没有上进心。

我们在得到一些东西的同时，也在失去一些东西。有事业心的男人，不需要太为他的将来担忧，因为他会很努力地工作，让家人过上好生活。当然，不好的一面就是妻子会埋怨对方只顾事业，根本不考虑家庭的感受和需求。但人无完人。对此，简·王尔德要做好牺牲的准备，她选择了霍金，而霍金选择了事业。她也知道自己改变不了霍金，而且他的生命又时常处在岌岌可危的状态。谁让她是心甘情愿的，只好做出让步。此时，她想的不是自己会受多少苦，而是如何让霍金活得更长久。

要知道人的情感是复杂的，有时对某件事物产生好感后，再如何更换总不会觉得舒心。就像霍金在简·王尔德的眼里那样，其实不需要他做出任何对事业的放弃，只要霍金活着就是简·王尔德最大的希望，无论他做什么，简·王尔德都会感到欣慰的，原因可能很简单，只是为了爱。

因为霍金还活着，说明他们两人建立的家是存在的，不管他是深陷物理研究还是有其他的爱好，简·王尔德的付出是无私的。她为了照顾霍金放弃了自己要成为一名外交官的梦想，然而她又得到了一些什么？出于女人最原始的想法，她得到了一个家庭，初始只由一个男人和一个女人组成，然后就会有他们爱情的结晶——孩子的出生。

刚组建小家庭的两个人，在经历了美国之行的惊险后，回到伦敦的他们又面临着无处安身的境地。在出国前，他们预订了剑桥市场对面的公寓房，当时它还没有完工。蜜月归来的两人把行李装上简·王尔德的红色小汽车，直接开到了地产经纪人那里，结果令他们失望透顶，那公寓楼已租给了别人居住。

面对社会，他们两个还在象牙塔里的"骄子"体验了一番人情冷暖。他们无处可去，只好又回到剑桥大学，学校安排他们住到哈维招待所的一个空房间内，房租的费用几乎超出他们的支付能力。最后在导师西阿玛的帮助下，他们与学院的朋友合租一间位于小圣玛丽胡同里的合租房，那里拥有剑桥最古老、风景如画的街道。

他们在那里度过了三个月。这所风景优美的房子却没有一件家具，霍金只好咬紧牙关，取出所有的现金、存款，包括结婚时的礼金，用这些钱买了一张床和其他必需的家具。卧室里没有椅子，霍金只能拄着拐杖倚靠在光秃秃的墙上。邻居一位好心的女士看不下去了，送了霍金一把椅子。房屋里没有现成的炉子，做晚饭成了困难，这一切似乎也难不倒能干的妻子简·王尔德，她借了电炉，买了食物，用箱子当桌子，用精美的茶具装饭菜，还用了婚礼上亲戚送给他们的银餐具，其实那原本是个高级的摆设。

就在这三个月间，他们发现在同一条路上有一幢无人居住的房子，是小圣玛丽胡同6号。剑桥有那么多的年轻人在拼命找住的地方，而这里却是空着，房主并不住在这里，霍金觉得这座空关着的房子正好可以用来独立租住。于是他们打电话给房主太太，那是位头发花白的老妪，从另一个城市多赛特赶过来给霍金夫妇看房。简·王尔德在她的自传中，不满地写下了当时房间的环境，她说："我们觉得那个房子狭小、阴暗、潮湿、霉臭，令人想起狄更斯笔下描写的肮脏住所。三个楼层的正面房间建于18世纪，红砖墙和水泥封檐板。"

如果不考虑那些污垢，房子除了位置理想以外，没有别的可赞美之处。房主太太是个好说话的人，她答应在霍金筹满买房款前，以每星期4镑的房租低价租给他们。付了房租后他们甚至没有钱请工人装修，简·王尔德每周末从伦敦来剑桥粉刷房子，先是起居室到主卧室，然后是三层的阁楼、厨房和浴室。那个时候她正好要参加期终考试，刷房子不仅影响了她复习西班牙语，那油漆的气味也使得她皮肤过敏。可这些困难又算得上什么！想着她即将与爱的人拥有自己的家时，这种幸福的感觉早已冲淡了简·王尔德心头的烦恼。

霍金在《我的简史》也描述了这段经历，他说："一位邻居传话给住在多赛特的房主人并对她说，当年轻人在寻找住房时，她的房子竟然空置着，这简直是丑闻。于是她就把房子租给我们。在那里住了几年之后，我们想购买并修缮它，所以请求我的学院抵押贷款。学院做了调查并确定风险太大，不同意贷款。最终我们从别处得到抵押贷款，而我父亲出钱替我们修缮了房子。"

简·王尔德对于整修后的房子感到自豪，在两人的生活中，她虽然会有一些不安的情绪和发脾气的时候，有时面对生病的霍金，她也有轻微的心理波动，但还是把那些事情看作一般家庭生活的微不足道的磨合期。面对身残的霍金，令她无法对自己的生活抱怨。实际上，他们面对生活，似乎总是抱有很高兴和积极乐观的态度。

我们在生活中，总会遇到各种各样的困难，关键是要有好的心态，才能具有克服它的勇气。困难不是说消失就消失的，选择逃避的人是会永远败给困难的，而选择直面困难的人，才是真正的生活强者。所以要做一个迎难而上的人，这样被困难征服的机会就会越来越少。

第八章

他们的孩子们

　　霍金与天底下所有的父亲一样深爱着自己的三个孩子，并且还给了他们三个忠告：一是记住永远仰望星空而不是计较你自己的得失；二是永远不要放弃工作，因为工作让你的生活有了意义和目标，如果没有它，生活就毫无意义；三是如果你能够幸运地找到真爱，记住，那是非常珍贵的，不要对其置之不理。

罗伯特的出生

1965年10月，霍金参加了新研究员的就任仪式。他们在门口就受到了热情的迎接，研究员的妻子被允许到上座就餐，这一做法是表明与过去的传统决裂。就职后不久的霍金第一次参加学院的管理机构会议，作为新研究员，他产生一种不安的感觉，莫名就被卷入了一场斗争的旋涡。霍金在他的自传中，对于这件事有自己的看法，他说："我参加的第一次学院会议进行学院理事会选举。其余新研究员已被简要通报要选什么人，而我在对此完全不知情下选择双方的候选者，进步方赢得理事会的绝大多数席位，而院长内维尔·莫特爵士愤然辞职。"然而，下一任院长李约瑟平息了争议，从那以后学院一直相对平静。

作为宇宙学家，霍金在学院里是个有点新奇的人物，由于他研究的学科而受到人们的关注。但其实他和许多研究员一样，在各自的领域里做着本分的研究工作。因他的努力付出，学术论文《奇点和时空几何学》获得了许多人梦寐以求的亚当斯奖。该奖是英国剑桥大学著名的古老数学奖项，为纪念数学家亚当斯发现海王星，于 1848 年由剑桥大学圣·约翰学院成员捐资成立，每年由剑桥大学数学系和圣·约翰学院联合授奖。获奖者必须为在英国从事科研者，年龄一般为 40 岁以内。

霍金的导师西阿玛出了不少力，他立志培养一代杰出的宇宙学家、相对论专家、天体物理学家，积极地派学生去参加在伦敦或是国外召开的会议，要求他们仔细阅读并报告各种相关的出版物，从而增加了学生的阅历，同时也丰富了自己的知识。

为此霍金和简·王尔德还获得一次去迈阿密开会的机会，当他们得到旅行经费时，简·王尔德的学业生涯也接近尾声，她怕在威斯特菲尔德学院请不到假而忐忑不安，还好学院并没有反对。于是在 12 月的一个雾蒙蒙的下午，霍金带着她在伦敦机场等候飞机起飞。受天气影响，飞机必须等大雾散去后才能飞，所以一直等到了晚上，到达佛罗里达时已然深夜了。

直到第二天推开旅馆的房间，才发现他们所住的地方正对着一片沙滩，从那里可以望见加勒比海上平静的海面。从英国寒冷多雨的伦敦突然来到梦幻般的海滩，眼前难以置信的景色让他们几乎忘却了烦恼。但霍金的身体状况总让人措手不及，令他难以呼吸的咳嗽更加频繁地出现。有一次外出时，他又再次重重地跌倒在地，咳出一些血来，幸好医生及时赶来，避免了悲剧的发生。

迈阿密的会议结束后，他俩又去了位于得克萨斯州的奥斯汀那里一座规模不大的大学城，瞻仰了最优秀的宇宙学家的大本营。由于当时芝加哥下了大雪，而令他们的回程变得漫长而疲惫，幸好他们在圣诞节前夕赶回了英国。

回国后，令简·王尔德最头痛的事情就要来了，她将进行毕业考试。在那一个星期里，霍金为了给她提供精神上的支持，特意从剑桥搬到伦敦。他俩住在邓纳姆家的顶楼房间里，简·王尔德清晨出去参加考试，霍金就在家研究奇点理论。下午考完试，两人会去汉普斯特德健康中心，或者去肯伍德花园和剧场，以便暂时缓解书写痉挛的精神重负。在最后一科考试结束，简·王尔德也结束了她的学生时代。

幽默的霍金为了表示对妻子的祝贺，送了她一张披头士"旋转者"的音乐唱片。

"亲爱的，我听这张唱片会头昏。"简·王尔德觉得这份礼物令人忧伤，它看上去非常不合时宜。

"摇晃起来，忘记那些糟糕的考试吧！像我一样摇滚起来。"

一边说着，霍金一边努力咧开嘴，扭动着他那笨拙的身体，引得简·王尔德笑出了声。

刚走进婚姻生活的两个人，组成一个新的家庭，这个过程是一个自由选择的过程，这个过程也是一个包含责任和义务的过程，新家庭中的两个人都在为自己的选择而付出，也做好了承担自己的选择可能导致的结果的心理准备。这其中有责任也有义务，既是对自己也是对对方而言。假如把这个新成立的家庭比作一个新成立的"公司"，一个男人和一个女人相互承诺之后达成一致而建立的公司，从开始建设的那天起，这个"公司"就由两个人一起来经营和管理，对于"公司"双方的责任和义务是一样的，也是平等的。

既然是公司，就应该有股东，毋庸置疑一个男人和一个女人自然就成为这个婚姻中的股东，一起来经营新成立的婚姻。每个处于家庭中的人都会受到原生家庭的影响，而自然地形成自己的家庭关系价值观念，这样的观念会带到新组建的家庭中去。运用原来的经验来经营新的家庭，每个人都有着自己的态度，包括对待自己的态度、对待社会认识的态度、对待关系的态度、对待婚姻中关系模式的态度等。一个人在过去的家庭中成长，而过去的家庭又是有着独特的关系相处规律的，这种相对固定的规律叫作家庭文化模式。

所以每个人的经验系统都有着过去的模式影子，这种经验是一把双刃剑，用得好可以作为参考，使新家庭更健康顺利发展，运用得不恰当就可能受到其他因素左右，对新家庭的建设和经营不利。霍金的父亲经常外出，在霍金的原生家庭中母亲占了主导地位，有时的家庭决策就出自她一个人的决定。那么在霍金自己的婚姻中，也可以看作由女方，也就是简·王尔德在做这个家庭中的主导者。

简·王尔德不仅要照顾霍金，还要营造家庭的氛围，她每日所做的事都是在处理家庭的琐碎事务，她包揽了家中的所有家务，包括照料生病中的霍金，难免在心理上有过重的压力，特别是面对沉浸于自己科研中的霍金，她更像是个保姆而非被爱着的幸福女主人。这一点从简·王尔德写的自传《音乐移动群星》中可以看出，书中充满了对生活和对霍金的抱怨。

日常生活很费力气，如购物、洗衣、清扫、做饭等，时间一久，还要做各种杂务，像小器械的修理、汽车保养、用力气倒垃圾箱等。这些活在正常的家庭里是由丈夫做的。霍金也曾拿起一块茶巾帮着洗洗，可那已经是刚结婚不久的事了。现在家里没有他可以做的事，其实，因为疾病，他在家里什么也做不了，也无法在房子里自由活动，更别说穿衣服倒茶之类的活儿了。

事实上，简·王尔德从来没有指望他做任何诸如此类的事。

可回头想想，这样的生活是谁选择的？还是她自己，面对这样的生活环境，她必须为自己的选择而坚持下去。好在马上就有一位新成员会加入他们的生活中，这位新成员吸引住了简·王尔德的注意力，她有时会把生活中的那些不如意之事都抛置脑后，这就是他们的第一个孩子带来的新力量。

1966 年的秋天，简·王尔德发现自己怀孕了。

这起先就给两个人的世界带来了一些麻烦，霍金无法照顾怀孕的妻子。简·王尔德又受到妊娠反应的折磨，因为在妊娠早期孕妇体内绒毛膜促性腺激素增多，胃酸分泌减少及胃排空时间延长，导致头晕乏力、食欲不振，有时喜欢酸食物或厌恶油腻，有时晨起呕吐等一系列反应。就在这个节骨眼上霍金的祖母去世，霍金的父母又双双出国，还把霍金年仅 10 岁的弟弟爱德华送到了他们家。

突如其来的状况给这个家带来了更大的压力。霍金的身体开始需要一些治疗，他定时服用维生素 B 片以及每周注射一次增强神经系统的针剂，他无法帮助简·王尔德分担更多的家庭事务。当简·王尔德妊娠反应加重而无法起床时，霍金所能做的就是指导他的弟弟爱德华做饭。如果简·王尔德不起来烧开水的话，他们一天都没有热水喝，看上去这个家庭太需要一个能料理家务的人。

而霍金所考虑的是，如何度过即将到来的暑假，他计划去西雅图的巴特尔纪念研究所参加暑期班。没有简·王尔德他无法出门，所以他也像个孩子那般央求她。而她对即将到来的生活状况没有很好的预估就草率地答应了，结果在孩子罗伯特出生前两个月，简·王尔德不得不要求她的父母来到剑桥照顾他们一家。

1967年3月，她还挺着大肚子参加了伦敦大学的学位授予典礼。5月份开始简·王尔德感觉到了腹内的蠕动，但她是首次怀孕，缺乏经验。就在28日这天，一个雷雨交加的日子，当她感觉到疼痛难忍的时候，没有做出及时反应，因为那时离预产期还有两个星期的时间。可晚上她就痛得撕心裂肺，就像章鱼的触须抓住并挤压着她的腹部，她快要无法呼吸。就在这个时候，她的父母闻讯赶来，才将简·王尔德送进医院。

当晚22点的时候，他们的首个孩子罗伯特来到了人间，他的体重是6磅5盎司。霍金内心极为高兴，他在第二天早晨把这个好消息告诉了他的朋友们。简·王尔德在自传中描述了当时的情景，她说："就是在那一天，人们不停地欢呼迎接独自驾船环球航行归来的英雄时，罗伯特诞生了。霍金情绪激动地把这个消息告诉他朋友时，说不出话来，以至于他的朋友们惊恐地以为我死于难产了。"

婴儿的降临给两人带来了无比欢乐，当罗伯特被放在母亲的臂膀里时，好像毫不在意地观察着周围的世界，又好像曾看过这世上的一切而无所谓。罗伯特全身紫红色的皮肤又嫩又滑，带着奶香的小婴儿给这个家庭带来希望，同时也带来了很多烦恼。可在这个世界上，谁的生活不是痛并快乐着呢？其实每个人都有迷茫、痛苦、无助的时候，只是表达的方式不同而已。

只要我们乐观地面对前方的困难，就一定能够挺过去。崭新的、幸福的生活正在迎面走来，困难相对来说都是暂时的，对待生活的态度却可以是永恒的。应该在生活中不断地求索，不断地追求，不断地奋斗，尽管前进的路上有汗水，可能还有眼泪。人生是短暂的，人生应该有合适的目标，人总是要有点精神的，无论做什么总会有所收获，生活就是一边奋斗一边收获。

缺乏理解的家庭是痛苦的，但只要心中有爱，凡事宽容一些，生活应该也是丰富多彩的。简·王尔德的父母帮了两三个星期的忙，这让她从忧郁中缓解过来，她觉得人活在这个世界上困难是在所难免的，主要是用怎样的态度去对待！有的人怕困难，也有的人喜欢挑战困难。而简·王尔德就是选择了挑战困难，她面对困难，勇于一笑而过，这是一种力量！

短暂小住后，简·王尔德的父母就回去了。她父母离开后，接下来的生活就又依靠他们自己了。她在心里做着深呼吸，慢慢吸气，然后慢慢呼出，每当呼气的时候在心中默念"放松"。简·王尔德说："罗伯特出生后我们就要依靠自己，形成了一种明显改变的生活方式。从此，我们外出活动，不管是去学院还是进城，总是三个人再加上一个婴儿车和一根手杖。"

家庭主妇的抱怨

这是一个特殊的残疾人家庭，虽然他们两个人对此是不承认的。小生命的出生，让他们产生更多对生命的热爱和对时间的珍惜，霍金热衷于各种社会活动，而出行不便的霍金必须有简·王尔德的帮助。还有不断更换住处，从小圣丽胡同搬到韦斯院，他们每次出行都要带很多东西，包括轮椅、婴儿车和行李等。简·王尔德忙于各种家务，要照看霍金还有婴儿，他们的父母都各自有生活，并不能帮到他们太多的忙，然而他们拮据的生活又雇不起家政人员。

在怀孕前，简·王尔德经院长妻子的推荐，在刚成立的学术机构"露西·卡文迪什学院"得到了可研读剑桥大学硕士研究生的机会，这个学院是由两位科学家发起的，目的是增加剑桥成年女学生的学术发展机会，她十分珍惜并努力撰写题目为《切莱斯蒂娜夫人》的论文。

可她一放下婴儿，他就哭个不停，喂奶换尿布都不行。最后她只得把罗伯特放在她的双腿之间，一边看护着他，一边做着自己与论文相关的研究性工作。好在霍金去学院工作的时候，有好心的同事代劳，晚上才把他送回来。简·王尔德首次体验到了生育是一场痛苦的经历，长时间无法恢复到最初的状态。

9个月时间的怀孕期，加上喂养孩子的时间，剥夺了她全部的学习时间。分娩更是耗尽了她的力量，照料婴儿亦是一份耗力费时的任务，不分昼夜地看护婴儿，意味着她的精力必然被透支。

随着暑假的临近，简·王尔德又将要接受一次严峻的考验，就是霍金计划的全家人去西雅图参加暑期班。这完全是一次出乎意料的灾难，而且也低估了婴儿将给他们的行程带来的诸多不便。简·王尔德在收拾行装的时候，感到前所未有的疲劳，她没有料到自己的身体已无力支撑下去了。

1967年7月17日，忧心忡忡的一家人在他们父母的帮助下，办好了登机手续，进入候机室时状况出现了，仅有7个星期大的罗伯特尿湿了霍金的轮椅，而霍金却只能待在那里，束手无策地任由那一切发生。直到简·王尔德发现后，她失声尖叫起来。这也是她此生唯一的一次尖叫，确实如此，对于一个毫无经验的新妈妈来说，照顾一个残疾人和一个婴儿确实需要毅力。随后，听到呼叫的护士前来处理时就要比简·王尔德冷静得多。

护士严厉地看了一眼简·王尔德后，抓住轮椅连同上面的父子一同往回推，不顾通道上官员的询问，来到一间幼儿室里。在那里，她为婴儿清洗，把为霍金擦洗的任务交给了简·王尔德，而此刻扩音器里发出他们乘坐那个航班的最后一次登机通知。于是，那位护士接通了中央控制台，告诉他们飞机上还有人正进行紧急处理，务必稍等。

当时让霍金最难忘的应该是他穿着那条脏裤子飞越了冰岛，而后他再看到那条裤子的时候，就会想到当天尴尬的情景，于是再也没有穿过。西雅图的风景如何美丽已不能回忆，简·王尔德在她的自传中留下更多的是无尽抱怨。她对此行的感受是："西雅图遭受了迄今最强烈的热浪，这里向来没有炎热夏季，因此建筑物里缺少空调设备，而在美国的南部地区，空调设备被认为必不可少。"简·王尔德必须每天开车接送霍金去巴特尔研究所，她早上还要帮助霍金穿衣吃饭，接着给罗伯特喂奶和洗澡。

接下来，她需要从车库里将为他们准备的一辆福特轿车开到前门，然后先将罗伯特放在手提式婴儿床里，再放到车里，然后回去接霍金。她必须半抱式地将霍金扶下门前的楼梯，再将他安置在车座上，由于婴儿不是在每次出门前都会那么乖地听从安排，以至于霍金到暑假班的课程常常迟到。

　　这些都不算什么，让她最气愤的是到了西雅图，霍金提出用罐装奶粉来替代母乳，这挫伤了她作为母亲的微妙自尊，自那时起，她又同婴儿和残疾丈夫进行了大量的旅行，颠簸奔忙使得她心力交瘁。简·王尔德储备的奶水耗尽后，不到两个月的婴儿罗伯特就断奶了。这就切断了她与儿子之间的亲密纽带，令她无比心痛，坐在客房的床上忍不住失声痛哭起来。

　　她为了家庭放弃了自己一切的生活，作为家庭主妇全身心地操持着家里事务。家庭主妇，就是一个"没有工作却整天被问做了什么"的角色，牺牲了爱好和梦想，没有全职妈妈的岗位证书，也没有薪水，每天从清晨开始忙碌到深夜……很多所谓的"大男人"在外打拼，却无视女性的付出，说到自己的妻子总会摆出一副高高在上的姿态，对家庭主妇而言，家庭成为婚姻里的一座围城。

　　如果简·王尔德仅是作为一般的家庭主妇，也许要更能抗压一些，然而她有自己的理想，还有自己的学业，更多的是需要有一个能为她分担的人。学院里为霍金安排了一个临时职位，一天晚上他们去参加小组聚会，晚宴的地点很远，在一所能俯瞰海湾的小山上。结果他们在薄暮中迷失了方向，而将车开入了一条沟里。汽车被卡住的车轮深陷沟中，无法动弹。受到惊吓的罗伯特又哭喊不停。最后只好找来宴请的主人，才帮助他们脱离困境。

罗伯特真是个恼人的家伙，在一次去西班牙时得了痢疾，差点儿断送了他的小命；又在一天早晨胡乱地吃下了家中所有的药片；他还在冬天的时候将自己的小手在暖炉上烫伤。这孩子对于简·王尔德而言简直是个"祸害"，但谁生下的孩子不疼爱呢！罗伯特的每一次危险都牵动了两个人的心，既要照顾残疾人，又要照顾小婴儿，就算是有三头六臂的人也会焦头烂额，何况是两个刚组建家庭的青年。

1969年罗伯特两岁了，在9月的一天早晨，简·王尔德从睡梦中惊醒，不是因为声音，也不是因为光线，而是因为有一种气味，一种甜甜的怪味。她意识到出事了。罗伯特正站在床前咧开嘴笑，一种黏稠的粉红色液体顺着他的蓝色睡衣往下滴着。她连忙跳下床，跌跌撞撞地跑下楼，走进厨房。冰箱旁边放着一把椅子，附近地板上是乱七八糟的空药瓶，其中有一个装着带有甜味的抗组织胺糖浆，是用来治疗耳痛和感冒的。

见到此情景急坏了简·王尔德，她丢下家中的霍金，立即推着婴儿车将罗伯特送进了街区的诊所。在前往诊所的路上，罗伯特开始出现昏迷的症状，来不及多想的她又将孩子转送到市区医院。一路上罗伯特胳膊乱舞，双腿又踢又蹬哭闹不止，护士见此状急忙进行洗胃处理。医生告诉她孩子的情况十分危急，简·王尔德一时头脑麻木，想痛哭一场却哭不出来，大脑一片空白。

此时的她待在墙角，茫然地望着冷冰冰的房间。罗伯特正在失去着他的生命，从儿科病房的隔离间转入观察病房，不时有医生进病房检查罗伯特的呼吸和脉搏，然后又噘着嘴，蹑手蹑脚地走开。孩子依然一动不动地躺在病床上如同死去一般，接着医生又按常规程序检查了一遍，宣布罗伯特的身体状况相对稳定，但仍未摆脱危险。

简·王尔德开始恢复理智，她想起独自留在家中的霍金，他几乎不能自己照顾自己。此时的她心里矛盾极了，一边是无法自理的丈夫，一边是生命垂危的儿子，两个都是她生命中缺一不可的人。此时没有她帮助的霍金有可能摔倒，也有可能摔伤，更有可能噎住而窒息。她一路狂奔出医院，回到家中去寻找霍金，当她看见霍金也很着急地托人找她和儿子时，简·王尔德这才抱着霍金痛哭起来。

那一刻的两人说不出一句相互安慰的话，都生出一种对前途无望的被毁灭感。她真切地体会到了心中的绝望，如同已经跨入黑暗深渊之中。霍金也是难受得无法言语，他一动不动地坐着，就像一具被挖去了心脏的人体雕塑。简·王尔德不敢回到医院，她生怕看到失去孩子的那一幕，无法承受。

他们漂亮可爱的孩子是两人拥有最宝贵的东西。罗伯特快乐充满活力，让所有的人都感到惊奇，他是世界上一切善良和阳光的化身。罗伯特是他们出于爱情而创造的，是他们自身的一个组成部分。简·王尔德生了他，以热爱和关切养育了他，怎么割舍得下他？经过一番思想挣扎后，她还是回到了罗伯特的病房。

情况要比想象中好很多，罗伯特已脱离了危险，正在沉沉地入睡。医生告诉她，等孩子醒来就可以带他回去了。当她回忆起这段伤心断肠的经历时，在自传中如此写道："只有眼泪而非话语可以说明我那时的感情。眼泪任意地流淌，是感激的眼泪，是从绝望中解脱的眼泪，是兴奋的眼泪。"

经历这些让人几乎绝望的事情之后，简·王尔德几近崩溃。霍金心里也十分内疚，每次遇到这样的"绝境"时，他都只是抱歉地微笑，除此之外他也无能为力。只是他不知道上天几时才能夺去他的生命，但他却不甘心等待。简·王尔德知道自己身上有些东西正在消失，就是青年的过度乐观和满腔热情，被一种叫作忧虑不安的东西替代，她忍受着不堪的重负。

每个人成年后，都需要承担起自己的责任，此时就会感觉承担的压力很大，自然有想逃避的可能，但我们更应该积极面对生活，努力改善生活。首先不要逃避负重的责任，如果家庭带来很沉重的压力，应该想办法努力去解决存在的问题。要知道幸福的家庭都是相似的，而不幸的家庭各有各的不幸。只有勇于面对，才有可能改变不幸的生活。

露西带来好运

霍金一家除了面对残疾和幼小的孩子，他们最大的危机是经济来源。

不久霍金发现了一个能多挣钱，同时又能提高自己水平的途径。当初他想在牛津大学学习数学，但他的父亲弗兰克认为学数学将来会找不到工作，可他正与杰出的数学们一起工作，感到自己没有什么优势，想自学数学课程。有了这个想法后，霍金就想到了同时给冈维尔·凯厄斯学院的大学生上数学辅导课，由此还可以得到报酬，真是一箭双雕的好事。

他立即行动起来，逐步通过了剑桥大学数学荣誉学位考试课程 1A 部分、1B 部分和 2 部分。霍金的进步远远超过了他的学生，同时，霍金在冈维尔·凯厄斯学院的研究员职位只有两年，1967年学院又给他顺延了两年。在1969年的时候又将到期，按照规定，这个职位不能再延了。

4年过去了，霍金的身体状况已不允许他讲课了，他也不能像其他研究员那样遵循正常的程序申请一个大学教师的职位。在1968年，霍金虽然加入了新成立的天文学研究所，并配到一间办公室，但是没有薪水。

剑桥大学的李约瑟院长在1969年给霍金推荐了一个科学名人研究职位，这是一种特殊的研究职位。有了固定工作后，霍金也有了稳定的收入，他们可以安排自己的生活，并改善他们的居住环境。周末他们便带着罗伯特，开上小汽车到剑桥的郊外找合适的新房。这时的简·王尔德正怀着第二胎。

由于小圣玛丽胡同的房子太小，他们又要迎来第二个孩子，四口之家需要更大一点的居所。目前他们所住的地方出行便利，早上霍金可以坐着轮椅到学院上班，下午搭乘同事的车去参加研究所的讨论会。老房子离图书馆很近，还有学院的花园，地理环境很理想，就是太旧太小。

这时他们得到住房建设互助协会的一些帮助，可以从学院获得一笔额外的低息贷款，这就坚定了两人想换房的决定。但在考顿汉姆村的朋友家小住几日后，他们又发现乡间的农舍虽然适合孩子，可每日接送霍金上下班成了难事，思来想去他们最后还是决定暂时不搬了，不过得把小圣玛丽胡同的房子重新装修，以便迎接即将诞生的新生命。

他们按照邻居家的样子将楼下的两个房间改造成一间，前后贯通的院子边上建一个新厨房，二楼和三楼需要重新改造，要有新浴室、卧室和屋顶花园，还要增加一间婴儿房。装修进展很快，仅花了两个星期的时间就改造好了，二楼上的旧浴室改造成了新的房间，从那里可以俯视厨房上面的花园，原来锈迹斑斑的金属柱子支撑的地方，改由一根坚固的大梁支撑着，就像一个拱架。后墙由粉、黑、黄几种颜色砌成，顶楼是个阁楼房，改造成了游戏室。

1970 年 11 月 1 日，霍金在这改造一新的房屋内举行了庆祝聚会，当时到场的将近 40 人，可见这座小楼房在改造后的容量还是令他们满意的。当他们还沉浸在新房装修完工的喜悦中的时候，简·王尔德竟然在第二天清晨的忙乱之中，生下了女儿露西。就在聚会结束的当晚，简·王尔德就因为腹痛而住进了医院。早上8 点，值班的护士正好要下班，而接班的医生还没有来，有了第一次的经历，生第二个孩子的时候简·王尔德顺利多了。医院正忙着交替换班，虽然她的女儿平安来到这个世上，但护士较为匆忙而没有精心照顾她的孩子，这让他们感到不快。

霍金给女儿取名"露西"，是"光"的意思，之所以想起这个名字，是因为霍金灵感迸发，与他从事黑洞的研究有关。作为物理学家的女儿，这是一个很好的名字。简·王尔德回忆生露西时的情景说："结果证明，星期一早上8点生孩子真是不走运。接生的护士把新生的婴儿洗干净，包起来，然后就下班了。我被搁在产台上，而可怜的婴儿躺在我身旁的小摇床里。她哭起来，小脸涨得通红，我却抱不到她。我想哄哄她，可是护士们曾告诉我无论如何都不要动，而且我刚生过孩子精神恍惚，也担心会把孩子摔到地上。"当时的她只好茫然无助地躺在坚硬的产台上，看着摇床里脸色绯红的小婴儿被如此粗鲁地引入人间生活而心痛欲碎。

不过，第二天，等简·王尔德带着露西回到新装修好的家时，心情就立刻好起来。她穿上外衣，用暖和的花边长围巾把脸色红润的小婴儿包起来，坐在花园里看最后一批玫瑰竞相开放的样子。

罗伯特也很期待看到他的妹妹，他冲到花园里大声喊着："我的妹妹在哪里？"

他瞅见包裹着的小露西，走过去亲了一下，他喜欢这个妹妹。当露西还在母亲肚子里的时候，罗伯特就曾把小手放到简·王尔德的腹部，只要摸到腹中肚儿有动静的时候就会高喊："啊，妈妈！它要挖洞出来吗？"

　　与罗伯特调皮的小时候不同，露西很乖，作息时间也正常，这让简·王尔德可以合理安排家人的生活。霍金的母亲从美国赶到剑桥，来帮他们料理刚产下婴儿的头几天，接着简·王尔德的母亲也来帮忙。霍金依然非常固执，他可以自己拖拉着身体上楼，但非常缓慢，脚步不稳。他特别不愿坐轮椅，觉得那是在向病魔投降，所以他很抵触那些可以帮助他的东西。

　　对霍金而言，这种瘫痪状况倒显出了优越性，他可以完全沉浸于物理学里，如醉如痴、天马行空般思考关于宇宙的问题，不受时间限制。也许这就是他注定要做的事，在西雅图的时候，他就一直围绕着当时新命名的现象"黑洞"运行展开研究。这时，他已明显地"越过"黑洞表面，无法逃离他的研究。

　　霍金推算出只要有黑洞与黑洞撞击，就相当于越过了黑洞的表面，一旦被吸进去，就会被伸展拉长，融合为一体，再也不会重新出现，也不能摆脱，这就是黑洞的命运。运用这个理论似乎可以预示某种情况，就像简·王尔德遇见了霍金，然后他们就再无法摆脱对方，就算曾经努力尝试后，还是无法分离，这"黑洞"就像是他俩的命运，从个体神秘到互相融合。但对外界，霍金很少提及"家事"。

　　那个时期的霍金，行动已经相当缓慢，这不仅是由于他的肌肉僵硬。他的注意力常常转移到别的方向，通常是想到了相对论上的一个问题。有一天，他上床的时间比往日长得多，原来那天晚上他穿上睡衣时，脑海里浮现出黑洞的几何图形。在黑洞研究方面，他解决了一个主要问题，就是如果两个黑洞相撞后合并为一个黑洞，合并后的表面积不可能变小，几乎总是大于原先两个黑洞的面积总和，或者更精确地说，无论一个黑洞发生了什么情况，它的表面积永远不会变小。

就在这时，霍金需要前往得克萨斯州开个会，以便对他的理论做一番论证。他提出由同事陪同前往，这下简·王尔德真的能松一口气了，这样她就有时间照顾一下自己的心情，做自己喜欢的事情，不必每天赶着接送丈夫，也不用每天按时早起。照顾孩子带来的欢乐和照顾丈夫的欢乐不同，一种是天伦之乐，一种是被肯定的快乐。

对于两者感情而言，简·王尔德从最初的心甘情愿到怀孕后的抱怨，现在看着一双儿女呱呱坠地，她的幸福从少女的恋爱情怀，已逐渐转变为母亲的身份。对于生活，她的态度也在慢慢随着年龄的增长和责任的加重，不断地变化着。

想来人生苦短，何不享受这种生活，就算是狂风暴雨不断袭来，那也总有天晴的时候。孩子的来临，给家庭带来负担，因为往后的生活压力和教育子女的重任，都将压向简·王尔德，可换个角度看，孩子给濒死的霍金带来了生的希望，这也是他血脉的延续。

人类千万年以来，不都是这样演化的？

对于简·王尔德来说，一切都心甘情愿。而且这个"自愿"也伴随着她的一生，虽然中途也有些波澜，但她与霍金的爱情故事，几经挫折，最终还是活成了一部令世人羡慕的"童话"。在1979年时，她再次为霍金产下一名男婴蒂莫西·霍金。霍金家的三个孩子，露西比罗伯特小3岁，而比蒂莫西大9岁。

霍金与天底下所有的父亲一样深爱自己的三个孩子，并且还给了他们三个忠告：一是记住永远仰望星空而不是计较你自己的得失。二是永远不要放弃工作。工作让你的生活有了意义和目标，如果没有它，生活就毫无意义。三是如果你能够幸运地找到真爱，记住，那是非常珍贵的，不要对其置之不理。

霍金的三个孩子都是正常和健康的，现在也都事业有成。他的大儿子罗伯特是理科生，毕业后在美国微软工作。女儿露西成为一名作家，还跟霍金合著了几本宇宙探险的科普书。长大后的露西经历过一段短暂的、几乎闭口不谈的婚姻，也曾因为药物与酒精成瘾问题入院疗养，她的儿子是一个孤独症患儿。可露西以父亲为榜样，与霍金共同创作奇幻的科学儿童读物，向青少年们讲述"黑洞里发生了什么""除了人类之外，宇宙中还有别的智能生命吗""宇宙大爆炸的时候发生了什么"。这三部曲是分别是《乔治的宇宙秘密钥匙》《乔治的宇宙寻宝记》《乔治的宇宙大爆炸》。

　　霍金的小儿子蒂莫西在英国乐高公司从事营销管理工作，也有不小的成就，为社会做出了贡献。在 2014 年风靡全球的冰桶挑战中，霍金也接受了挑战，由他的 3 个孩子代替他接受了冰水浇头的任务。

第九章

霍金的宇宙理论

　　人类存在于这个世界上的时间是极为短暂的，自古到今总有人在仰望浩渺星空时，发出如下一长串疑问：我们怎么理解所处的世界？什么是这个世界的本质？世界的一切从何而来？茫茫寰宇是如何运行的？宇宙是如何开始的……

"黑洞不是黑的"

霍金不愿对恶疾低头，甚至不愿接受任何帮助。他最喜欢被视为科学家，然后是科普作家，最重要的是被视为正常人，拥有与其他人相同的欲望、干劲、梦想与抱负。经过1967年的西雅图之行后，霍金将研究的现象称为"黑洞"，这个名称得益于他的灵感。

他在奇点原理的数学运算中预言了一个过程，就是"大恒星的引力坍缩"。而"黑洞"比那种说法更简洁有力，于是他将科学研究的术语统一起来，也引发了传媒的想象力。受西雅图的暑期班影响，他作为这个研究领域里的开拓者，巩固了在国际学术界的地位。

"黑洞"这个词字面意思很简单，但是要想象在太空中某处一个真实存在的黑洞则比较困难。可以想象有一个巨大的下水口，水盘旋着流入其中。任何东西一旦滑过这个下水口开始下倾的边缘，对应黑洞当中所谓的"事件视界"就无法返回。因为黑洞是如此强有力，甚至连光都会被它们吞没，也会将靠其太近的恒星撕裂，与此同时向太空中发出振荡波。

用更形象的比喻穿过"事件视界"跌落到黑洞内部，有点像乘独木舟顺着瀑布而下，在瀑布上游用力划桨是有可能逃脱掉下瀑布的命运，然而一旦到达瀑布边缘，再怎么努力也无法返回了。由此说明，越靠近黑洞引力越大，产生的力差将导致被吸入的物体沿着纵向被拉长，而横向被挤瘦。

黑洞比科幻作家的任何异想天开都更怪异，但它们却是已经被科学证明了的存在。科学界不仅较晚才意识到大质量恒星可在自己的引力作用下往恒星中心坍缩，而且在对坍塌后留下的天体和物质的行为的相关思考很迟缓。

早在1928年，天体物理学家钱德拉塞卡到英国剑桥向英国天文学家爱丁顿爵士学习。钱德拉塞卡意识到，不相容原理所能提供的排斥力有一个极限，就是恒星中的粒子最大速度差被相对论限制为光速。这意味着，恒星变得足够紧致之时，由不相容原理引起的排斥力就会比引力的作用小。他计算出一个大约为太阳质量1.4倍的冷的恒星，不能支持自身以抵抗自己的引力，这质量称为"钱德拉塞卡极限"。

在此假设，一颗恒星的质量比"钱德拉塞卡极限"小，它最后会停止收缩，并变成一颗半径为几千英里和密度为每立方英寸几百吨的"白矮星"。白矮星是由它物质中电子之间的不相容原理排斥力所支持的。第一颗被人类观察到的白矮星是绕着夜空中最亮的恒星"天狼星"转动的那一颗。

对于恒星还存在另一可能的终态，其极限质量大约也为太阳质量的1倍或2倍，但是其体积甚至比白矮星还小得多。这些恒星是由中子和质子之间，而不是电子之间的不相容原理排斥力所支持，所以它们被叫作中子星。它们的半径只有10英里左右，密度为每立方英寸几亿吨。

在中子星被第一次预言时，并没有任何方法去观察它，很久以后它们才被观察到。另一方面，质量比"钱德拉塞卡极限"还大的恒星在耗尽其燃料时，会出现一个很大的问题，就是在某种情形下，它们会爆炸或抛出足够的物质，使自己的质量减少到极限之下，以避免灾难性的引力坍缩，不管恒星有多大，这总会发生。当时的爱丁顿认为，一颗恒星不可能坍缩成一点。

在1939年，爱因斯坦甚至写了一篇论文断言，因为物质只能有限度地被压缩，所以恒星不能在自身引力作用下坍缩，而这一直觉判断遭到了美国科学家的反对，他们指出许多恒星最终会坍缩，这种可能性给理论物理学带来了问题。他们预见到坍缩的恒星转变成的天体，也就是黑洞的许多性质。

大多数科学家的观点，认定恒星的体积不会收缩为零。其他科学家，尤其是他以前的老师、恒星结构的主要权威爱丁顿的敌意使钱德拉塞卡抛弃了这方面的工作，转去研究诸如恒星团运动等其他天文学问题。然而，他获得1983年诺贝尔奖，至少部分在于他早年所做的关于冷恒星的质量极限的工作。

根据广义相对论，这样的恒星会发生什么情况呢？这个问题被一位年轻的美国人奥本海默在1939年首次解决。然而，他所获得的结果表明，用当时的望远镜去观察不会再有任何结果。此后，因第二次世界大战的干扰，大部分科学家被吸引到原子和原子核尺度的物理中去，因而引力坍缩的问题被大部分人忘记。

随着20世纪60年代早期类星体的发现，人们对引力坍缩的兴趣被重新唤醒了。类星体是非常致密和具有非常强大的光学和射电源的极遥远物体。物体落入黑洞是仅有的能够解释在空间这么小的区域里产生这么多能量的貌似有理的机制。人们重新发现了奥本海默的工作并开始研究黑洞理论。

1967年，加拿大人沃纳·伊斯雷尔得出一项重要结果。他证明，除非一直旋转的坍缩恒星残余刚好是严格的球形，它所包含的奇点将是"裸"的，也就是说它能被外界的观察者看到。这就意味着，广义相对论在坍缩星奇点处崩溃了，毁灭了预言宇宙其余部分的未来的能力。

大多数人都认为，恒星不是严格的球形，它们的坍缩会导致裸奇点以及预见性的崩溃。然而，罗杰·彭罗斯和约翰·惠勒却提出一个不同的解释。一颗非旋转恒星引力坍缩的残余物会迅速地趋向稳定于一个球形状态。他们提出存在宇宙监督，自然是一个道学家，他将奇点隐藏在黑洞中而不被看到。

霍金在应用数学和理论物理学院的办公室门上，曾有一道保险杆贴纸，上面写着"黑洞是看不见的"。这使学院主任很恼火，以至于策划改选另一位卢卡斯教授，好借以把霍金移到一间更好的办公室，并亲自把这令人不快的告示从霍金的旧办公室的门上撕掉。

1970年，霍金意识到，奇点定理发展的因果结构理论适合于黑洞。特别是，黑洞的边界即视界的面积总是增加。当两颗黑洞碰撞并合并时，最终黑洞面积比原先黑洞面积之和更大。由詹姆·巴丁、布兰登·卡特和霍金发现的其他性质暗示，这个面积正像是黑洞的"熵"。这是对于在外面看来具有相同外表的黑洞，在其内部能有多少态的度量方法。但是面积不可能在事实上就等同于"熵"。"熵"是热力学中表征物质状态的参量之一，用符号S表示，其物理意义是体系混乱程度的度量。

黑洞还应拥有温度，并会像热体那样发热。正如所有人都以为的，黑洞是完全黑的，并且不发射光或者其他任何东西。解决黑洞理论中大多数主要问题的那个时期是激动人心的。尤其是霍金证明了"无毛定理"。在《黑洞不是黑的》一书中这样解释："在黑洞外部，你不可能知道它里面是什么。你能把电视机、钻戒甚至你最恨的敌人扔进一个黑洞，可黑洞所能记忆的一切只不过是总质量、旋转的状态和电荷。这一原理形象地称为'黑洞无毛'。"

黑洞会稳定到只有两个数，即质量和旋转表征的态。这再次暗示黑洞拥有"熵"，因为许多不同的恒星会坍缩而产生一颗拥有相同质量和旋转状态的黑洞。这个理论的一切都是在黑洞毫无观测证据之前发现的，这证明宇宙监督假设是一个从未解决的问题，尽管一些去证伪它的企图都失败了。它对于所有黑洞研究都是基本理论，所以霍金对此深信不疑。就这个问题的结果，他跟研究员们打了一个赌。但是，他赢这个赌是困难的，因为如果任何人找到一个"裸"奇点的反例，他就输了。

事实上，研究员们对他拿一件 T 恤做彩头并不开心。霍金还把"自然厌恶裸奇点"这句话印在了 T 恤衫上。在此注明一下，一个"裸"奇点是一个理论场景，此处恒星虽然坍缩，却没有形成围绕它的一个事件视界，因此该奇点就能被看到。在《时空的大尺度结构》发表之后，1973 年他没有太多事情可做。霍金和彭罗斯的研究证明了，广义相对论会在奇点处崩溃。这样下一步显然应该是将描写"非常大"的理论——广义相对论，与描写"非常小"的理论——量子论相结合。

霍金没有量子论背景，而在那个时期正面进攻奇点定律似乎太困难了。所以作为热身准备，他转而考虑由量子论制约的粒子和场在邻近黑洞时会有何行为。他想知道，是否存在以在极早期宇宙形成的极微小的太初黑洞为核的原子。为了回答这个问题，他研究量子场会如何从一个黑洞散射开去。

他预料入射波的一部分会被吸收，余下的被散射。使人大吃一惊的是，他发现似乎存在从黑洞出来的辐射。起初，霍金以为这是他在计算中出现了错误。最后事实证明，该辐射恰好是将视界面积等同于黑洞的熵所需要的。这可归结为以下这个简单公式：此处 S 是熵，而 A 是视界面积。这个表达式包括三个基本的自然常数：c，光速；G，牛顿引力常数；h，普朗克常数。它揭示了在引力和热力学，即热的科学之间存在一个深刻的预想不到的关系。

现在已经发现的黑洞有两大类，一是恒星质量黑洞，大概几十个太阳质量，是由恒星演化到末期的时候所形成的。还有一种叫超大质量黑洞，从几百万到几十亿个太阳质量的都有，那些基本上是星系的中心，不断吸积气体，逐渐长大。比如银河系中心黑洞，就是一个大概 400 万太阳质量的黑洞。

"霍金效应"

宇宙从什么时候开始的？

从 20 世纪下半叶，人类在基础物理学领域做出的突破和发现越来越少，导致了实验物理学和理论物理学的分化越来越大。理论物理学家们越来越执着于各种纯数学性的物理模型的构建，依照理论模型反推出宇宙模式，导致很多成果无论对错都无法被实验所验证。

霍金描述的对象是宇宙中广泛存在，但人类几乎没有机会探测的黑洞，也使得人们没有可能通过天文学观测去验证霍金的理论。他将量子力学应用到了黑洞的视界上，根据相对论，视界分隔黑洞内部，其中的引力非常强大，以致所有物体都无法逃离，外部的表面并非一个物质的界限。

就如不幸落入黑洞的旅行者，在穿越视界时，并不会有任何特殊的感觉。可一旦进入视界，他们就再也无法将光信号传给外面的人，更别说从那里回来了。黑洞外的观测者，只能接收到旅行者穿越视界之前发出的信号。当光波爬出黑洞的引力井时，它们被拉长、频率降低、信号持续时间也随之延长。因此，对观测者而言，旅行者似乎在以慢动作运动，而且比通常的颜色偏红。

这种被称为引力红移的效应并不是黑洞所特有的。比如，当信号在轨道卫星和地面基地之间传递时，频率和时间也会因引力红移而改变，GPS 导航系统必须将它考虑在内才能准确工作。不过，黑洞的特殊之处在于，当旅行者靠近视界时，红移就会变得无穷大。在外部观测者看来，旅行者的下落过程似乎要耗费无限的时间，尽管旅行者自己觉得不过是经历了一段有限的时间而已。

到目前为止，这种对黑洞的描述，还只是将光当作传统电磁波看待。霍金所做的，就是在把光的量子本质考虑进来，重新研究了无限红移的意义。根据量子理论中的海森堡测不准原理，即使完美的真空，也并非真的空无一物，其间充满了量子涨落，这些涨落以虚光子对的形式表现出来。这些光子之所以被称为"虚"光子，是因为在一个远离任何引力影响的未弯曲时空中，它们总是不停地出现和消失，如果缺乏外界的干扰，就无法观测得到。

　　但在黑洞周围的弯曲时空中，虚光子对中的一颗可能会陷入视界内部，而另一个会滞留在视界之外。于是，这对光子就会由虚变实，产生出向外辐射的可观测光线。此时，黑洞的质量也会相应下降。黑洞辐射的整体模式是热辐射，就像一个炽热的煤球发出的光线一样，它的温度与黑洞的质量成反比。这种现象被称为霍金效应。除非黑洞吞噬物质或能量来弥补损失，否则霍金辐射将会耗尽它所有的质量。

　　重要的是，在非常靠近黑洞视界的空间，还保持着近乎完美的量子真空——把流体和黑洞进行类比时，这将变得至关重要。事实上，这个条件是霍金理论的基本前提。虚光子是最低能量的量子状态，即"基态"的一种特征。只有在虚光子与同伴分离，并逃离视界的过程中，它们才会变成实光子。

　　霍金效应的出现，以前所未有的高度越过一些技术问题，直接通过热动力学的基本原理得出一个普遍答案，因此具有格外重要的地位。目前理论物理学界研究中最重要的目标，是将主要描述在大尺度下质能与时空相互作用的广义相对论与描述在微观领域基本粒子行为方式的量子力学相结合，从而得出一个"大统一"理论。

　　一百年来，这个工作仍没有完成，在这样背景下，霍金关于黑洞的理论显得尤其重要，任何研究量子引力的物理学家想要得出一个更为一般化的大统一理论，首先要验证他的理论是否能包含霍金效应。

虽然很多人习惯把人类认识到黑洞可能存在的年代回溯到 18世纪，实际上 1957 年才首先提出了"黑洞"这个学术名词，当时还引发了物理学界的反感和抵制，只有霍金把宏观天体和量子力学结合起来思考。他刚开始进行宇宙学研究时，仍停留在静态宇宙模型阶段，当时科学家认为宇宙的整体状态不会随时间变化，宇宙也不存在开端和结束。

霍金和导师西阿玛随着宇宙微波背景辐射的发现，就是宇宙大爆炸而改变了想法，转而研究通过一次大爆炸而诞生的宇宙模式。宇宙微波背景指出，宇宙过去曾经历过热的、稠密的阶段，但它没有证明这个阶段是宇宙的开端。人们可以想象，宇宙经历过早先收缩的状态，曾经在很高却有限的密度下从收缩反弹到膨胀。

有此发现后，霍金将它定为自己博士论文的课题。引力将物质拉到一起，但是旋转却将其甩开。所以他的第一个问题是旋转是否能使宇宙反弹。他和乔治·埃里斯一起证明，如果宇宙是空间均匀的，也就是在空间的每一点上都是相同的，则答案是否定的。然而，有两位俄国人证明，没有准确对称的一般收缩总会导致反弹，而密度保持有限。因为这个结果避免了关于宇宙创生的棘手问题。

　　1929 年，埃德温·哈勃总结出了一个具有里程碑意义的发现，即：不管你往哪个方向看，远处的星系正急速地远离我们而去，而近处的星系正在向我们靠近。换言之，宇宙正在不断膨胀。这意味着，早先的星体相互之间更加靠近。事实上，似乎在大约 100 亿至 200 亿年之前的某一时刻，它们刚好在同一地方，所以哈勃的发现暗示存在一个叫作大爆炸的时刻，当时宇宙处于一个密度无限的奇点。

　　当时，听闻此事的爱因斯坦很快来到哈勃工作的威尔逊天文台，在哈勃的带领下亲自进行了红移现象的观测。远星系的颜色比近星系的要稍红些。哈勃仔细测量了这种红化，并制作了一张图。他发现，这种红化就是红移，是系统性的，星系离我们越远，它就显得越红。

　　光的颜色与它的波长有关。在白光光谱中蓝光位于短波端，红光位于长波端。遥远星系的红化意味着它们的光波波长已稍微变长了。在仔细测定许多星系光谱中特征谱线的位置后，哈勃证实了这个效应。他认为，光波变长是由于宇宙正在膨胀的结果。哈勃的这个重大发现奠定了现代宇宙学的基础。

　　膨胀中宇宙的性质使许多人困惑不解。从地球的角度来看，好像遥远的星系都正飞快地远离我们而去。但是，这并不意味着地球就是宇宙的中心。宇宙不同地方的膨胀图像都是相同的，可以说每一点都是中心，又没有一点是中心。最好把它想象成星系间的空间在伸长或膨胀，而不是星系在空间中运动。这一点与我们日常生活中见到的源于一点的爆炸不同。

空间可以伸长这一事实看上去似乎离奇，不过这却是 1915 年爱因斯坦广义相对论发表以来科学家们早就熟知的概念。广义相对论认为，引力实际上是空间，严格地说是时空弯曲或变形的一种表现。从某种意义上来说，空间是有弹性的，可以按某种方式弯曲或伸长，具体情况取决于物质的排列。这个思想已为观测所充分证实。

爱因斯坦在访问结束后，公开承认了自己主观意识影响科学结论的错误，并去掉了场方程中的宇宙常数，于是就有了今天所熟知的爱因斯坦场方程。1948 年前后，伽莫夫第一个建立了热大爆炸的观念。这个创生宇宙的大爆炸不是习见于地球上发生在一个确定的点，然后向四周的空气传播开去的那种爆炸，而是一种在各处同时发生，从一开始就充满整个空间的那种爆炸，爆炸中每一个粒子都离开其他粒子飞奔，事实上应该理解为空间的急剧膨胀。"整个空间"可以指的是整个无限的宇宙，或者指的是一个就像球面一样能弯曲地回到原来位置的有限宇宙。

根据大爆炸宇宙论，早期的宇宙是一大片由微观粒子构成的均匀气体，温度极高，密度极大，且以很大的速率膨胀着。这些气体在热平衡下有均匀的温度。这统一的温度是当时宇宙状态的重要标志，因而称宇宙温度。气体的绝热膨胀将使温度降低，使得原子核、原子乃至恒星系统得以相继出现。

　　大爆炸时空的一个重要特点就是视界的存在：由于宇宙具有有限的年龄，并且光具有有限的速度，从而可能存在某些过去的事件无法通过光向我们传递信息。从这一分析可知，存在这样一个极限或称为过去视界，只有在这个极限距离以内的事件才有可能被观测到。

"奇点"与"时间旅行"

时间为何物？宇宙之中有外星人吗？

理论物理证实地球顺时针旋转时不断膨胀，那么假设它逆时针旋转，是不是就可以回到从前？霍金是多么渴望时间能倒流，那样的话他的生命就可以延续，如果真的回到疾病发生之前，那将改变他的一生。

基于爱因斯坦的相对论和大量的实验结果相互论证，证实时间和空间非常复杂地相互纠缠在一起，人们不能仅仅弯曲空间而不涉及时间。这样，时间就有了形状。然而，它只能往一个方向前进。由于空间在不断膨胀，并且越遥远的物体退行速度越大，从而导致从我们这里发出的光有可能永远也无法到达那里。

从这一分析可知，存在这样一个极限或称为未来视界，只有在这个极限距离以内的事件才有可能被我们影响。以上两种视界的存在与否取决于描述我们宇宙的 FLRW 模型的具体形式：我们现有对极早期宇宙的认知意味着宇宙应当存在一个过去视界，不过在实验中我们的观测仍然被早期宇宙对电磁波的不透明性所限制，这导致我们在过去视界因空间膨胀而退行的情形下依然无法通过电磁波观测到更久远的事件。另一方面，假如宇宙的膨胀一直加速下去，宇宙也会存在一个未来视界。

霍金猜想，宇宙大爆炸的时候，如果能够生成一些原始小黑洞，这些小黑洞可以很快蒸发，产生"霍金辐射"，那么它们有可能被观测到。这就像当年广义相对论预言了引力波，听上去很对，没有人怀疑，但从 20 世纪初预言到 21 世纪找到引力波，差不多用了一百年的时间。

他的"奇点定理"假定恒星或者宇宙是球对称的，比如恒星往里坍缩变成一个奇点，它只是数学上理想化的存在，他证明无论什么情况下都会出现奇点，当然是基于一些物理学上的合理假设才能成立。因为疾病，霍金的很多理论无法用算式一个个计算，而是靠"想"，在他的头脑里形成了很好的几何图像，把非常不利的情况变成了自己的独特视角去做研究。

"奇点"本是天体物理学术语，是指"时空中的一个普通物理规则不适用的点"。"奇点"是指人类与其他物种、物体的相互融合。确切来说，是指电脑智能与人脑智能兼容的那个神妙时刻。物理上把一个存在又不存在的点称为奇点，空间和时间具有无限曲率的一点，空间和时间在该处完结。经典广义相对论预言奇点将会发生，但由于理论在该处失效，所以不能描述在奇点处会发生什么。

作为一个世界的发生之初，它应该具有形成现有宇宙中所有物质的势能，而这种势能是一种无形的东西，奇点是无形的。宇宙的奇点所具有的势能是无形的，只是一种很奇妙的存在而已。可以想象，在某一点上宇宙奇点的这一势能平衡被打破，于是乎能量便不断转换为物质，而经过若干年形成了现在的宇宙——物质与能量的共生体。

然而，无法想象是什么东西引发了这一奇点势能的平衡被破坏。奇点是没有大小的"几何点"，就是不实际存在的点，这是令人难以理解的。令人难以理解的还有，没有大小的奇点物质竟然是能级无限大的物质。这些是同现有的理论和观念不相合的。物理学中的奇点，多见于描述黑洞中心的情况。因为物质在此点密度极高，向内吸引力极强，物质压缩在体积非常小的点，此时此刻的时空方程中，就会出现分母无穷小的描述，所以物理定律失效。

引力奇点是大爆炸宇宙论所说到的一个"点"，即"大爆炸"的起始点。该理论认为宇宙（时间—空间）是从这一"点"的"大爆炸"后而膨胀形成的。奇点是一个密度无限大、时空曲率无限高、热量无限高、体积无限小的"点"，一切已知物理定律均在奇点失效。奇点是天体物理学概念，认定为宇宙刚生成时的那一状态。

奇点一般被看成点，但原则上它们可以取一维的线或二维的膜的形式。按照广义相对论的方程式，只要形成了一个无自转的史瓦西黑洞，该黑洞视界内部的物质必然在引力作用下塌陷成一个密度无穷大的点，即奇点。宇宙从大爆炸开始的均匀膨胀就是这种黑洞坍缩的镜像反转，意味着宇宙诞生在一个奇点中。奇点是各种熟知的物理学定律失效的地点。

当处理的物体小于普朗克长度，或时间短于普朗克时间时，已知的物理学定律，包括广义相对论，看来真会失效。这意味着，在那样的尺度上，合情合理的设想将是，向奇点坍缩的物质受到量子过程的影响，有可能反弹而转为向外膨胀到另一组维度中去。有人主张，大爆炸奇点实际上就是这样一种反弹。

加州理工学院的理论物理学教授基普·桑尼把量子奇点说成是引力将空间和时间彼此分离的地方，然后再将时间概念和空间明确性破坏，留下来的是一个任何东西都可能从中出现的量子泡沫。奇点，尤其是与自转黑洞和"裸"奇点——如果存在的话——

相关联的奇点甚至可能容许实现时间旅行。

人们也许不在乎一颗光粒子在有限时间里是否完结它的历史，但霍金证明了存在低于光速运动的、具有有限持续时间的路径。他在《我的简史》中写道："这些可能是在柯西视界之前被陷在有限区域中的观察者的历史，他们越来越快地循环运动，并在有限时间内达到光速。所以，如果飞碟上的一位美艳的外星人邀你进入她的时间机器，小心慎入。你可能落入这些不可逃逸的、只有有限持续时间的重复历史之一中。"

1968 年，霍金突然间感到人类不是独自存在于浩瀚无垠的空间。那年 2 月份的一个下午，霍金到学院去。会议室里充满了激动的议论声。射电天文学研究生和他的导师通过一排射电望远镜接收到来自外层空间的有规律的无线电脉冲信号。射电望远镜安装在剑桥和伦敦之间停止运营的铁道线上，就在洛德桥附近，离剑桥大约 3 英里。

"那些信号有可能是我们同外星球生命的第一次联系吗？""或许是无线电波的小绿人！"众人议论纷纷。后来证明那些无线电脉冲的来源是中子星，于是人们的激动也就停息了。因为中子星是体积很小的恒星残骸，直径可能只有 20 英里，具有极高的密度，不可能有生命存在。但是否有外星人存在，至今科学家们仍在探索。

　　人们可以质问：一种先进文明为了"翘曲时空"，就是时空
转换所经历的空间，在这个空间内可以进行瞬间移动，为此建造
一台有限大小的时间机器需要哪种物质？它能到处都具有正的能
量密度，正如在宇宙弦时空中一样吗？人们或许想象，可用宇宙
弦的有限的圈建造一个有限的时间机器，并使每一处的能量密度
为正。霍金很遗憾让那些想返回过去的人们失望，利用处处正能
量密度这一点就做不到。他证明了为了建造一台有限时间机器，
你需要负能量。

　　1969 年，约瑟夫·韦伯报告，利用由两根悬浮在真空的铝棒
组成的检测器观测到了"引力波暴"。当引力波到来时，它会把
东西在一个垂直于波行进的方向拉伸，而在另一个垂直于波的方
向压缩。这就使这些铝棒以它们的共振频率——1660 赫振荡，而
捆扎在棒上的晶体会检测出这些振荡。

　　20 世纪 70 年代初，霍金拜访了距离普林斯顿不远处的韦伯，
并检查了他的设备。以他未受训练的眼光，看不出有什么差错，
而韦伯宣布的结果真是惊人。强大到足以振动韦伯棒的引力波暴，
仅有可能的源应是一颗大质量恒星坍缩形成黑洞，或者两个黑洞
碰撞并且合并。这些源在它们的星系内必须邻近。这类事件的早
先估计是大约每世纪一次，但韦伯宣布每天观测到一两次。这就
意味着，该星系正以一种巨大的速率损失质量，在星系存在期不

可能一直维持这样的损失率，那样的话现在根本就不可能还有星系存在。

当霍金回到英国时，认为韦伯惊人的发现需要独立的确认。霍金写了一篇关于检测引力波暴理论的文章，在论文中提出更灵敏的检测设计。当看到似乎没人准备去建造这种检测器时，霍金采取了对于理论家而言鲁莽的举动向科学研究会申请建造两台检测器的资助。因为来自噪声和地球振动的假信号的干扰，观察至少两个检测器结果之间是否符合是必要的。他托人到处搜寻战后剩余物资存放处，要把废弃的减压舱用作真空室，而他则去寻找适当的地点。

最后霍金在伦敦的一个科学研究会和有兴趣验证韦伯声明的其他小组开了一次会。由于存在研究这一项目的其他小组，霍金收回了申请。这可谓因祸得福，逃过一劫！他不断恶化的残疾会使其无望成为实验家。而且个人在实验课题上要留下一点痕迹非常困难。在做一个需要花费多年时间的实验时，个人通常不过是一个庞大团队中的一员。另一方面，一位理论家可在一个下午，或者像霍金那样在上床之际突然得到一个想法，而独自或者和一两位同事撰写论文，从而成名。

20世纪70年代以来，引力波检测器已经灵敏得太多了。现代检测器为了检测引力波，利用激光测距来比较成直角的两臂受引力波影响的长度之差。美国拥有这些 LIGO 检测器中的两台。尽管它们比韦伯的设备敏感一千万倍，然而直到几年前才可靠地检测到引力波。

1990 年基普·索恩提出，通过"虫洞"也许可能旅行到过去。因此，他认为这个问题值得去研究：物理定律是否允许时间旅行。由于几个原因，公开思考时间旅行是微妙的。如果报界得知政府资助时间旅行的研究，那就会引起抗议，责备政府浪费财力，或者要求研究归类于军事用途。毕竟，如果其他国家已拥有时间旅行而他们却没有，那他们如何保护自己？在物理学圈子里，只有一小部分人从事有人认为不严肃的"政治不正确课题"的研究。于是他们利用技术行话来隐藏他们的焦点，诸如用"闭合的粒子路径"暗指时间旅行。

1689 年，伊萨克·牛顿爵士首次对时间做出科学的描述。在牛顿的理论中，时间是绝对的。然而，人们可以证明，如果虫洞存在，就能使用它们回到出发之前。那么人们会想到，能做诸如首先把自己的太空飞船在它原先的发射台上摧毁，以防止自己出发之类的事吗？这就是所谓"祖父悖论"的变种：如果回到过去，在自己父亲被孕育之前，就把祖父杀死，将会发生什么？那么自己能在目前的状态下存在吗？如果答案是否定的话，那就表示自己不存在，也不可能回到过去杀死自己的祖父。当然，如果相信，当自己在时间中回到过去时，拥有自由的意志去为所欲为，并且改变历史——只有那样，才是悖论。

真正的问题是，物理定律是否允许虫洞和时空弯曲到这种程度，使得诸如太空飞船这样的宏观物体能够回到它自己的过去。根据爱因斯坦的理论，一艘太空飞船必须以低于光的局部速度旅行，并且遵循所谓的"类时路径"通过时空。这样，人们可以用专业术语将这问题表述为：时空允许闭合的类时曲线，就是一次次回到它的出发点的类时曲线吗？

那么，人类真的能穿越时间回到过去吗？对于霍金来说，他是渴望能回到自己的过去，因为那个时候他还年轻，没有疾病，没有痛苦。

第十章

生命所能承受之重

　　第三个孩子蒂莫西出世之后，简·王尔德的情绪变得更低落了。她担心霍金会很快死去，希望找到某个人在他死后养活她和孩子，并和她结婚。她找到了乔纳森·琼斯，他是一位地方教会的音乐演奏师。她在公寓给了乔纳森一个房间。霍金本能地反对这件事，但是他也以为自己会早早死去，并且觉得需要有人在他死后养活孩子们。

迷人的乔纳森

从 1968 年开始，霍金被霍伊尔邀请到英国的理论天文学学院担任一个职务。这个学院位于剑桥的郊区，在一幢现代化建筑里。理论天文学学院同剑桥天文台合并，名为"天文学学院"。霍金每周只工作三个上午，他到学院工作时，要从小圣玛丽巷出来，然后沿着公路一直到郊外，为了方便自行前往，他设法搞到了一辆电动轮椅，这样他可以直接到达学院。

随着他的声望日益提高，学院越发重视他的研究成果，因为霍金在这个学院里吸引了一批研究生来此工作和交流学术观点。他最感兴趣的理论物理学，需要很多公式的运算，可谓是一个需要庞大数学运算支持的理论，可他无法使用电子计算机、纸和笔，只能通过大脑运算、心算，这也是一项困难的工作。

院方也尽量帮助他，减轻他因残疾所带来的各种不便。办公室房间的门上装了一个中继线箱，当他想要打电话的时候，只要按一个按钮，就能拨打预先设置好的电话号码。在学院里他的崇拜者越来越多，随着他一项又一项的伟大发现，宇宙理论逐渐被人们熟知。他具有超常的记忆力，能够把需要记下来的东西详尽地记在脑海里，甚至能口述 40 页纸的方程式，直到第二天，还能想起口述中的小错误。

那时的霍金虽然身体状况糟糕，但出访、讲学和学习旅游的机会开始增多，作为物理学家的声望也日益提高。他是个自我表现主义者，人们把他看作一个敢于与命运挑战的坚强斗士而称颂和钦佩，他本人也表现出极强的个性，厌烦别人不把他当作一个正常人看待，常常自娱自乐。一次参加他朋友举办的舞会，在舞会上玩得开心时，他转动着轮椅和简·王尔德跳起舞来，一下子带动了大家的情绪都加入到舞会之中。

他的朋友们说他对女士们有很强的吸引力，使她们对他产生兴趣，由于霍金的个性极富感染力，所以他对女人来说是十分具有魅力的男子。1973 年的圣诞节，霍金一连几个星期在头脑中反复地演算和推论着方程式，根据他的方程式推算出了黑洞是具有辐射的。

1974 年的 1 月，他将这一想法告诉了导师西阿玛："从黑洞来的辐射会带走能量，这表明黑洞将失去质量而变得更小，这也意味着它的温度会上升，而且辐射率会增大。据猜测，当黑洞最后消失时，这部分波函数以及它携带的信息将会出现。"3 月，他将自己的这一研究结果发表在《自然》杂志上，几个月后，全世界的科学家们对霍金的理论假设给予了了很高的评价。

霍金在成为英国皇家学会的会员之后不久，便被邀请到美国加州理工学院同美国著名的理论物理学家一起研究宇宙学。学院特设了木制坡道，以便他的轮椅能移动。学院从提供研究资金到对他的家庭照顾可谓无微不至。1975 年他在加州理工学院的研究结束，回到了英国剑桥。

在 1975 年到 1976 年期间，他获得了六项大奖，有伦敦皇家天文学会的爱丁顿奖章、梵蒂冈教皇科学学会授予的庇护 11 世勋章、霍普金斯奖、美国丹尼欧·海涅曼奖、麦克斯韦奖和皇家学会的休斯勋章。如此多的荣誉像光环一样罩在霍金的身上，引来许多同领域科学工作者的崇拜。

可是随着霍金的知名度越来越高，简·王尔德却是怨声载道："我要把他从轮椅上、汽车上、洗澡间、床上抱来抱去，食物必须切成小碎块，一口一口喂他吃。家里的楼梯成了主要障碍，使我与他缺少交流。他周游世界必须由我时时刻刻陪伴，这一切使我陷入焦虑不安和沮丧绝望。与所有不幸落入黑洞的过客一样，我像一块面筋被自己无法控制的各种情感力量拉长、撕扯。"

在智力方面，霍金是一个巨人，总是认为自己绝对正确，而简·王尔德一直顺从着霍金，扮演着"母亲"的角色，给他喂饭、洗澡、刷牙。在身体上，霍金无能为力，必须依赖别人，就像一个新生婴儿一样。简·王尔德已承担起霍金生活的所有方面，但因为她缺乏相关的护理知识，因此拒绝给他打针和参与医疗事务。他们的婚姻关系无形中走向了泥潭。

简·王尔德在她的自传中这样写道："我准备尽力压抑我的本能，发展以志同道合为基础的比较平静、可爱的关系，希望我们可以重建和谐关系与平静心态，可是这种折中并不是一个可取的解决办法。为了一个脆弱、孤独的空壳，也是为孩子们着想，使我免于投河，不沉没在绝望的泥淖中，我一直祈求帮助，祈求有人帮助我摆脱绝望的自杀倾向。"

1976 年的秋天，霍金的妹妹菲利珀冷静地建议简·王尔德离开霍金。她说："真的，如果你离开他，没有人会责备你。我能提出的建议是，你应该过一种属于自己的生活。"面对着心理和生理上的压力，简·王尔德找了一位理疗师进行心理治疗。理疗师给她的建议是："简，你现在面临的问题和老年人的问题非常相似，你是一个有正常需要与期望的年轻人。"

就在这一年的 12 月份，简·王尔德参加了圣马克教堂的唱诗班。她天生有不错的乐感，唱诗班指挥乔纳森是个英俊、有才华的年轻人，他的妻子因病在一年前去世。简·王尔德在自传中如此描述这个男人："他是一个特征鲜明的人：高个子，留胡子，一头卷发，让我惊奇的是在幕间休息时他也认出了我。"

简·王尔德请乔纳森每周到家中，教她的女儿露西弹钢琴。这是一段让简·王尔德放松又充满遐想的时光，他指导简·王尔德练习舒伯特的曲子，还与罗伯特一起玩耍。他会提前来霍金家吃午餐，或者教完课以后留下来吃晚饭。他帮助照顾霍金，使简·王尔德可以从承担的家务中解放一些。

久而久之，简·王尔德对他产生了一种说不清的情感。每个星期里两人都会巧遇，就像上天有意让他们碰到一起。他们常常站在路边交谈，也不在意别人怎么看他们，他们好像有许多事情可以讨论，比如乔纳森丧失妻子的痛苦、他的孤独，还有对于音乐的理想。简·王尔德对于精神和信仰几乎绝望的心情在他这里得到了安慰，认为遇到了一位能理解面对死亡时的紧张，以及对艰辛生活有共鸣感的人。

两人越走越近，强烈地相互吸引着，她在《音乐移动群星》一书中这般写道："虽然我们从来没有触摸过对方，并且在相当长的时间内也不会那样做，但是我们都意识到，产生那种罪恶感就等于承认我们的关系可能有私通的性质。"对于简·王尔德来说，"私通"是一个丑恶的字眼，它是生活所依据的道德准则和伦理观念不容的，可是乔纳森确实点燃了她的激情之火。

乔纳森是个无私的人，很注意别人的需要，通过霍金一家找到了目标，这帮助他减轻了丧失妻子的痛苦。1978 年 5 月，霍金一家要到伦敦看泰特举办的布莱克展览，这时乔纳森却做出了一个让简·王尔德吃惊的举动。他在威斯敏斯特教堂的一个安静的礼拜室里，向简·王尔德做出了如此承诺，他深情地望着她的眼睛说："我准备承担起照顾你和你家庭的义务，不论将来发生什么事情。"

这就是爱的表白，虽然两人都不知道以后会有什么变故，但是在那个时候，乔纳森作为一个男人，他体会出了简·王尔德独自面对那个残疾而又多孩的家庭，所付出的非一般人能感受到的艰辛。

简·王尔德很少单独与乔纳森在一起，在霍金和孩子面前，他俩努力保持行为准则，举手投足都只是好朋友，不显示出亲昵和密切关系，尽力不伤害任何人，尽管这样做有时是困难的。霍金对于家庭中"多"出来的这个男人，充满了敌视。他以地道的霍金家的方式，尽力表现出在智力方面对乔纳森的优势，但不久他就发现这个办法没有效果。乔纳森是富有同情心的人，三个人似乎开始了一段异乎寻常的时期。

乔纳森为了方便照顾霍金一家，决定住下来，每天除去音乐上的事，就是帮助简·王尔德照料他们。他抱着霍金起床、上车，料理孩子们的衣食住行，就算是霍金一家出游或是远行，都会带上乔纳森。他俨然成为这个家庭中的重要一员，虽然这并不是义务而是自愿，这就像是无私的奉献。简·王尔德甚至带乔纳森去见她的父母，对于这个出现在女儿家庭中的男人，父母保持沉默，他们不发表任何意见。可事实上，哪有父母面对自己女儿幸福时，表现出不快，虽然这种幸福有点儿不合道德。

在乔纳森出去巡演的时候，简·王尔德按捺不住给他写了一封信，告诉乔纳森非常思念他，对于他给生活带来的光明，就像照射下来的阳光一样明媚，她将感激终生。就在简·王尔德沉浸于乔纳森带来的幸福时，她意外地发现自己怀孕了。就在1979年，她生下了蒂莫西。由于霍金的身体状况逐渐变差，夫妻生活质量很不好，简·王尔德疏于避孕而再一次怀孕。这让她陷入对家庭关系的拷问之中，重新审视自己的家庭后，决定与乔纳森分手。

护士伊莱恩

一个家庭要遭受多少的不幸才能遇见幸福？

每个人都希望自己的家可以其乐融融、开开心心、幸幸福福，但现实中却有很多不幸的家庭。就像霍金，在青春年华偏偏遭受了疾病的摧残，让好端端的一个家庭为了一个人而备受折磨，不仅是霍金的身体，还有全家人的心理也受到不同程度的损伤。妻子简·王尔德不得不承担着整个家庭的巨大压力，照顾霍金的起居，抚养着孩子长大。

霍金的治疗以及外出都给家庭造成诸多不便。不得不说，简·王尔德是位了不起的女性，面对这些困难的时候，依然保持着自己的沉着与冷静。当大儿子遇险在医院濒临死亡的时候，她依然惦记独自在家、行动不便的丈夫霍金。由此可见，在行为和道德两条横杠之间，无法判别对错与是非。

"幸福"这两个字写出来是简单的，要实践起来却困难重重。它时刻考验着家庭成员对于家庭的"忠诚"，如若爱还在，这个家必定坚固，若此爱已丧失的话，那么依靠单方面的努力无法避免整个家庭的破碎，就像简·王尔德在她自己的自传《音乐移动群星》中一开始就埋下伏笔似的写道："尽管他们家族之间仍然存在不和，还有一些离婚事件，可是由于密切的血缘关系，所有的人都能相互依赖。"

接下来的生活，就如简·王尔德这般贴切的描述。他们也将经历离婚事件，但离婚不代表着自此永别，因为血缘关系、子女抚养等问题，还是联系着他们。导致霍金夫妇离婚的原因竟然不是出现在他家庭中的乔纳森，而是另一位女性伊莱恩。当不幸的家庭遇上雪上加霜的时候，应该是全家人都遭遇人生低谷的时期。

在霍金第三个孩子蒂莫西出生6个月，准备洗礼的时候，一场家庭战争即将开战。家庭阵营分为两派：一派是霍金父母方面，他们充满敌意和傲慢；另一派是简·王尔德父母和一些朋友。争执的内容有三个：第一，蒂莫西的父亲是谁；第二，霍金必须离开英国去美国接受新的治疗；第三，这个家是否还要维系下去。

这三个问题着实伤害了简·王尔德的自尊，她遵守道德约束，虽爱着乔纳森，那也只是感情无处寄托时，找到的一个临时居所，他们只是精神上互相支持，而没有突破身体防线。蒂莫西的父亲是霍金，然而霍金的父母却并不这么认为。对于全家搬到美国，也许出于拆散她与乔纳森。她还要照顾两个年幼的孩子和一个处于襁褓之中的婴儿，再加上照料几近瘫痪的霍金，搬家是不明智的决定。霍金家族对于他们家的生活情况，一直保持着冷淡的态度，他们对于霍金的身体也仅仅是表面上的"关心"。在此情况下，是否必须持续婚姻？简·王尔德深信不疑的是，她依然爱着霍金。

只想着如何抹去或掩盖不利于自己家族名声的事，却从未想过真切地帮助这个家庭，儿子病重，霍金的父母远走美国，就连请一个专职服侍的人都无法满足，更别说帮助简·王尔德分担了。也许在他们的眼里，简·王尔德就是那个结婚后专职服侍霍金的人，并没有公平、公正地看待她在这场婚姻里的地位。简·王尔德说："我的父亲帮助了我，他建议如果确实治疗效果好，我父亲将亲自陪同霍金去那里。从这个插曲中让我认识到，在霍金一家的眼里我不过是个苦工，是一个为他们生了三个孩子的工具，是照看他们儿子的机器。"

在此不禁要问，为什么女人在婚姻生活中大多数是不幸的？许多女人在面对生活中那些无法改变的不幸时，总是回望、驻足、争执、埋怨。事实上被绊倒了就应该站起来，拍拍尘土继续行走，一直回头观望那个绊倒自己的"坑"显然是一种毫无意义的做法。简·王尔德不再指望霍金家的帮助，反而觉得圣职员一家的乔纳森对待她分外仁慈。

1979 年秋天，霍金被任命为卢卡逊数学院的教授，这让他家的生活条件进一步改观，并有能力雇保姆或管家，在一个星期中来几次照料家务。然而霍金的身体却坚持不住时间的折磨，他每喝一口水或吃一口食物，甚至每喘一口气都会出现严重的咳嗽。发作常在傍晚开始，持续到深夜，他不断地喘着粗气咳嗽着，有时会喘不过气来。医生的建议是送他去疗养院治疗一段时间。

霍金在疗养院只住了一个星期，普卢姆几何学教授马丁向简·王尔德伸出了橄榄枝，他建议请专门护士让霍金在家休养，他将向慈善机构申请护理资金。这一建议让简·王尔德有了一种即将解脱的渴望。她立即着手寻找合适的护理人员。第一位护士是风趣的波兰姑娘，还有一位是勤快的朱迪以及热情的尼基，她还带来了自己的表弟托尼。

一时间这个家突然多出这么多年轻人，让霍金的活力又焕发了。他们很快成为好朋友，在护理工作以外的时间，霍金还带着他们到国外旅行。当他需要帮助的时候，可以不依赖家人、学生、同事，一种不同的生活模式正在改变着这个家庭。护士们还帮助霍金洗澡、吃饭，分担了简·王尔德的繁重家务，使她能全身心地照顾孩子们。

尽管霍金虚弱的身体似乎不断地笼罩在死亡的阴影之中，但他的成功却没有止境，在英国为他举行了许多授奖仪式。仅 1982 年，他就 5 次飞越大西洋，在护理小组的陪同下，参加各种授奖，顺便进行旅行。这一年他被封为大英帝国二等勋位爵士。授勋仪式在白金汉宫举行。简·王尔德似乎比霍金要表现得兴奋很多，她为全家人准备了新衣服，并提前一天带着霍金到伦敦接受授封。

这一时期，简·王尔德沉浸于霍金的荣誉与幸福之中，她没能坚定当初对乔纳森的诺言。他们发现周围的人都用异样的眼光看待霍金一家，但人们不会公开议论这种不合常规的生活方式，传统道德观念带来的挑战超出了他们的承受能力。简·王尔德也想着如何回到霍金的怀抱之中，然而又是一次意外，颠覆了简·王尔德的想法。

1985 年 8 月，霍金带着护士和学生去日内瓦参加暑期班。而简·王尔德则带着孩子们前往费利克斯托，乘一夜船到达泽布拉赫度假。正当他们享受着旅程的快乐时，霍金的秘书几经周折找到了简·王尔德，告诉她霍金正处于昏迷状态，不知道还能活多久。

接到这样的消息，她立即赶往日内瓦的医院。霍金平静地躺在特别护理病房内，紧闭着眼睛昏睡着，氧气罩盖在他的嘴和鼻子上，身体各个部位上连接着拖向不同方向的管子和电线，监视器屏幕上不停地闪动着绿色和白色的波线。他的病情在恶化，以至于无法呼吸，必须做气管切开术，绕开喉管上的敏感区域，在声带下面的气管上开一个洞，术后需要长期护理，并无法说话。

这个手术需要征得简·王尔德的同意。而与此同时，她又受到大儿子罗伯特在冰岛参加童子军训练时翻船而生死未卜和霍金父亲也病重的三重打击。再三挣扎与思量后，为保住霍金的性命，她同意进行气管切开术。手术很顺利，在霍金恢复知觉后，他们立即租用一架空中救护机返回英国剑桥。

回到英国后，得到特别护理的霍金，病情逐渐稳定。11月4日的下午，霍金像一个新生婴儿般回到了家中，他有些激动与不安，他怀疑服侍他的那些护士的能力，所以要求重新换更专业的护理人员。可很多护士都因无法护理霍金而提出辞职，这让他们很头痛，每次来新的护士都要重复一遍所要护理的内容：喂水的时候避免把水流进气管或滴在衣服上，喂饭的时候要弄碎食物，服药的时候要按不同的顺序，还要注意不能碰到轮椅上的操纵杆。

由于霍金无法说话，交流必须依靠电脑。在霍金的电脑里有两个装置，一个是字母表，装在透明框子里的一组大写字母，他把目光依次移动到他需要的字母上，一个字一个字地拼出他想说的话。助手需要跟着他的目光移动，然后读出它们的意思来。为了简化这个过程，又设计了一种速记码，只要霍金把目光停留在一个字母上就能明确地表达他的意思。还有一个是蜂鸣器，能取代字母表，用起来更方便。

霍金会整个晚上都握着那个控制器，而控制器只要一点压力就会发光，显示他是否要吸痰、是否要翻身或是哪里不舒服。在很长一段时间里，他想要舒服地将僵硬的四肢放在床上也是困难的事。由于增加了声音合成设备，他的轮椅变得越来越重，也越来越庞大。

霍金恢复沟通能力后，又变得风趣起来，经常与护士调侃。其中一名护士伊莱恩引起了霍金的特别注意，她还建议简·王尔德放弃学习，从事护理霍金的工作，学会使用吸痰器。可这些对简·王尔德没用的话，霍金却是很受用。她会当着霍金的面漫不经心地说，照料他是很容易的，比起抚养她的两个儿子来说容易得多。

伊莱恩并未受到简·王尔德的器重，对此简·王尔德在自传中写道："她只不过是一星期来护理几次而已，她的话很容易让人回想起霍金家的态度，对别人遭遇的事故、生理缺陷和死亡等不幸都无动于衷。"其实，护士应该像战士那样，首要职责是处理病人的病情，而非插足病人的私人生活。

其间，简·王尔德疲于管理护士的排班而忽略了霍金的眼神，他每一次困难地微笑都是向着另一个陌生的方向，而那一端就是伊莱恩，他们之间竟然产生了别样的情感。当霍金去勒图凯时，伊莱恩和她的丈夫一同陪伴。等旅途结束回来后，令所有人吃惊的是，霍金向简·王尔德提出了离婚。

爆发家庭危机

　　简·王尔德把自己看成是这场婚姻的组成部分，婚姻已经从最初两个人的结合发展成庞大的网络，不但包括父母和孩子，而且包括祖父母、忠诚的朋友、学生和同事，就像一个花草植物繁茂的花园一样。花园的核心是简·王尔德多年经营的家，无论是在小圣玛丽胡同、帕萨迪纳，还是在韦斯特路。

　　这个家族由婚姻关系而形成，但婚姻关系现在只是多元复杂网络里的一个节点。尽管那种关系与初期的热情拥抱相比已经发生了巨大变化，但是婚姻本身具有更广泛的意义。婚姻带来了意义深远的责任，远远超过了建立婚姻关系的两个人的需要。对于建立婚姻关系的两个人来说，仍然存在一个亲密网，不管公开交流常常多么困难，那个网如此紧密地联结在一起，以至于有时可以用直觉代替话语。

霍金一家的关系在外人眼里是复杂的，而他们之间互相又无法明确自己的立场，从而导致了这一系列的问题。霍金一直在垂死的边缘挣扎，这让简·王尔德觉得自己需要找一个可以依赖的家，乔纳森就像是霍金的"备胎"，却没想到的是，首先破坏游戏规则的却是霍金本人。

这让简·王尔德想不通，其实，这可以看作霍金对于自尊的一种捍卫。既然简·王尔德出轨在先，那么霍金也可以寻找合适的机会，"将"她一军。但这种游戏式的婚姻态度在生活中却是不可取，因为人的情感是需要尊重的，如果不爱也可以大大方方地提出来，而不是通过依附别人才能表现出自己的幸福。

在此，不知是简·王尔德醒悟了，还是霍金无法忍受家庭中的长期"多角"关系，干脆不顾一切起来。简·王尔德坚信迷人护士无法动摇霍金对她的需要，但是她错了，在这场婚姻里他俩的爱情已岌岌可危。无论瘫痪的丈夫多么需要照顾，妻子也不应该找一位情敌来照顾他，别说其中的妒忌和醋意了。霍金向简·王尔德提出离婚在世人看来，更像是对简·王尔德的一种惩戒，因为最终两人的关系还是复合了。

霍金对护士伊莱恩的爱慕，兴许仅是出于她专注护理霍金，并能注意到他的任何一个怪念头，她可以使霍金沉溺于工作中。这样的话，用伊莱恩和简·王尔德相比，妻子似乎有更多的唠叨和令他烦心的事，虽然他不需要照顾自己的孩子，但在工作上他正在节节攀升，最好的状态是进入什么都不用操心的环境里。

　　经过这样的对比，伊莱恩显得要比简·王尔德合适。霍金给简·王尔德写了一封信，告诉她伊莱恩和自己的关系，他将和护士伊莱恩住一起，虽然伊莱恩也有自己的家庭，但他们为了爱情，也是不顾一切。

　　这几乎就是晴空里的一个响雷，打醒了简·王尔德。她一直觉得自己受到委屈，没有得到真正的爱情，所以她不断地出轨，与乔纳森几乎达到双宿双飞的程度，因为接到这封提出离婚的分手信时，她正和乔纳森在法国度假。

　　审视这段与霍金的婚姻，简·王尔德说："我们的生活在混乱和困惑的大旋涡里，因为我们之间出现了无法逾越的障碍，不可能进行公开的讨论。我坚信暴风雨的打击终究会过去。尽管霍金也陷入混乱境地，但他可以选择同家人在一起。"

　　事实上霍金提出离婚后，简·王尔德受到的更多是谴责。每天她去上班时，看护霍金的护士都会把许多信投入她的车窗，也几乎是每晚她都要接受着霍金无理的要求。因为霍金和伊莱恩在一起的最直接问题是他们没有地方住，所以还要依靠简·王尔德。

由于霍金的名声，两人离婚导致社会的舆论一边倒，简·王尔德被告知要放弃乔纳森，并把霍金放首位。依照法院禁令，乔纳森也不能到韦斯特路去，还有一些涉及金钱和孩子抚养权的问题。

伊莱恩将带着霍金到她的小平房里，与她和丈夫及家人一起住，这刺激了简·王尔德。她将霍金的物品反锁在屋里，却遭到了别人砸窗，碎了一地的玻璃让他们的家毫无安全感。她向皇家护理学院和英国护理协会求助，但谁也不愿介入是非之中。这个时候假期也正好结束，他们的两个孩子罗伯特要到格拉斯哥学习信息技术学位的课程，女儿也将到牛津学习。

孤立无援的简·王尔德陷入情感的混乱之中。而霍金接受媒体采访时，曾宣称女人在他眼中是个"彻底的谜"。在他与简·王尔德共同生活的 30 年里，养育了三个孩子，经历了数次转危为安的病情，搬过几次家，游历和访学过很多地方，共享了学术界和社会各界大大小小的荣誉。

在简·王尔德看来，她和霍金都是出生于 20 世纪 40 年代的人，是具有传统婚姻观的遵从者。即便霍金再才华横溢，个性再特立独行，婚姻与家庭依然是他们人生的核心。霍金作为一个科学家从不相信有"上帝"，在婚姻的中后期，简·王尔德深陷照顾家庭的压力和精神压抑之中，感到身心疲惫。

的确，婚姻中的两个人都在努力地克服困难，实现他们的家庭理想。霍金用沉醉浩瀚宇宙来麻痹疾病对他的折磨，他在科学界成为一颗闪耀的新星。简·王尔德为了霍金的生活而放弃了自己的事业，她的生活就是厨房、孩子、家，琐碎而又平凡的日子里，她也逐渐忽视霍金的真实感受。

当生活全部都是围绕着家务事展开的时候，两人不再交流理想、兴趣以及共同爱好。爱音乐的简·王尔德无法与满脑子都是宇宙、星星和黑洞的霍金交流，虽然照顾着他的生活，却又因为霍金牵制了她寻找"幸福"的愿望，而时常抱怨。她在《音乐移动群星》一书中用大量的篇幅记录了许多当时的内心想法。

"一段时间以来，他对我们的生活方式不满意，因此显然证明那不过是一厢情愿的想法。我觉得那种想法是非常令人吃惊的，如果霍金长期处于激愤之中，他为什么不告诉我？如果他确实不幸福，他是如何取得成功、充满创造力和生机的呢？在我看来，当他认为自己的适当位置是圣坛中心时，他显然不喜欢仅仅被视为一个家庭成员。"

直到家庭破裂，简·王尔德还是没有觉悟到自己哪里出了错。霍金有两个弱点，一个是生理弱点，是他受到感染的喉咙需要及时护理。其次是他完全缺乏对感情压力的抵抗能力，之前他没有受到心理压力的影响，也没有对付它的武器。他从来不愿承认感情，把感情看作性格中的不理智，是致使人格缺陷的原因。结果他是不懂女人的，只把她们归结于"谜"。

这两个人的生活可谓是一部"文理科夫妻相处指南"，其中的苦楚都源于两人思维方式的差异。虽然简·王尔德作为一个纯粹的家庭主妇没有得到相应的尊重，她也想要自己的事业，能自立自强，可现实的生活造成她不得不被禁锢于家庭事务之中。她付出那么多的辛劳，想要得到的不过是一种承认。

霍金对简·王尔德的要求，以及他拒绝讨论他的病情，逐渐破坏了他们的关系。1995 年 5 月，两人正式离婚，结束了他们 30 年的婚姻。4 个月后，霍金娶了自己的护士伊莱恩·梅森，后者的前夫正是替霍金在轮椅上装电脑和语言合成器的工程师。对于简·王尔德来说，离婚后那段岁月是艰难的。"我当时仍然比较乐观，甚至是不切实际的，希望能够继续维持婚姻。我以为尽我所能就可以把这个家维持下去，尽管艰难，我还是希望继续。"但是霍金已经离开了。

简·王尔德曾说，在霍金的背后她感到失去了自我。"每次到了正式场合，我就只是个站在他身后的人。"为了摆脱这种感觉，以及对父亲的承诺，她努力地学习，拿到了中世纪欧洲文学博士，找到了在剑桥大学教书的工作。然而，在霍金看来，与宇宙相比，那些人类编出来的东西并不算什么。

在她的传记里，有痛苦的记忆，但对霍金的描述仍充溢着温和、尊敬和爱护。2006 年在霍金与第二任妻子伊莱恩离婚后，她依然去照料霍金，彼此还像亲人一样。"我们一家会在一起做很多事情。虽然我们离婚了，但是我们依然是孩子们的父母。"简·王尔德如此说。他们在剑桥的家只相隔了 10 分钟的路程，当她在剑桥时，他们还会在一起吃饭，并和孩子们一起度过美好时光。

看过电影《万物理论》后，又了解了简·王尔德与霍金的爱情，作为旁观者的我，对于他们的故事收获的不只是感动，更多的是敬佩。都说每个成功男人的背后都有一个女人，而霍金背后的这个女人就是他成功路上的"助攻神"。他俩都是在努力地生活着，无论是否还能见到明天的曙光，就像电影《万物理论》中那句台词："我爱过了，我尽力了。"

第十一章

世间再无霍金

3月14日，是伟大的天才爱因斯坦的诞辰，也是另一个天才霍金的去世之日。伟大的天才，总会以各种方式巧妙地相遇。霍金说："记住要仰望星空，不要低头看脚下。无论生活如何艰难，请保持一颗好奇心。你总会找到自己的路和属于你的成功。"霍金一个转身，就能引领一个时代；他一个转身，也能带走一个时代！

出版《时间简史》

霍金与简·王尔德的婚姻生活有诸多的不如意，两人分分合合，有些情感割不断，因为只有人性与良心的互相作用下，才能使生活变得更坚定。霍金经历几次生死考验后，早已看淡了生命。21 岁时医生告诉他只有两年生命，可他却活到了 76 岁，那么 55 个岁月的时间都是他赚来的"外快"。所以他才有了比一般人不同的生活观：努力活下去！

霍金发现英国和美国的科学杂志起初对于他的身体状况出于尊敬而不谈，后来流行杂志开始对其产生更多的兴趣，特别是他那给他造成限制的萎缩躯体，以及他那可以使其遨游宇宙外部空间的思维能力。霍金不反对把他的情况公布于众，还很乐于接受采访。出于对他的关心，学院里许多学者反对把饮茶间变成电视工作室，他的兼职秘书也由此而忙碌于各种媒体的协调中。

当他成名后，所有的生活便开始暴露于公众之下，带给他的烦恼也不少。尤其是有的杂志大肆杜撰霍金的私生活和喜欢过量饮酒，误导了大家对霍金个人的认识。可他始终幽默地回应，比如他常会对来采访的媒体说："我没有带一个四维的宇宙模型到办公室里来展示理论，别问我关于'无限'的问题，因为道路极为遥远，而没有办法谈论它。"

英国广播公司"视野"节目的电视制片人于 1982 年商讨制作一个关于霍金科研成就的节目时，由于没有考虑他家人的感受，在播出的时候还受到了非议。受到疾病困扰的霍金做了气管切开术后，在 1986 年上半年，又恢复了社交活动。至此，他更加珍视自己的生命，对于可以做的都尽力去完成，他不是害怕面对自己的"最后时刻"，而是怕他的宇宙理论无法被更多的人认识。所以当他可以和任何人交谈的时候，他开始四处演讲。

他的交流范围不再像过去那样仅限于家里的几个人和学生，他演讲时借助机器，也不再依赖学生在旁边为他翻译，通过送话器像任何一个健全人一样面对听众演讲。他的合成话语很慢，因为机器需要时间来选择词汇，但决不会出现词不达意的现象。他每次演讲总是字斟句酌的，花很长时间思考，力图避免陈词滥调或无意义的内容，保证每个词都是他自己的。

利用电脑，他不仅能直接表达自己的思想，还能进行演讲和写信，这样他又能够写书了。他的几位学生开始帮他整理材料，特别是帮助制图和搜集研究资料。通过写书，他逐渐发掘出了计算机的潜力，还可以根据编辑的建议修订他的书稿。他写《时间简史》这部著作是为女儿攒一点学费，在扉页上的献词写着"献给最亲爱的妻子简·王尔德"，这也表明他是多爱他的那个家。事实上，到这本书实际出版的时候，女儿露西已经在中学上最后一个学年了。

他写《时间简史》这本书的主要动机，是想解释现在科学家们对宇宙中的万物已经认识到何种程度。在刚开始写的时候，霍金就准备要花时间和精力去完成它，要让自己的理论作最大范围地传播，这样就能有更多的人了解。以前他写的专业书一向由剑桥大学出版社出版。那家出版社虽然做得很好，但他觉得它不会真正地面向他想影响到的那一类大众人群。

霍金接触到一位名叫阿尔·朱克曼的文学著作代理人，是他的一位同事的亲戚介绍给他的。他给了代理人第一章的初稿，并且解释道：希望它成为在机场书店买到的那类书。代理人告诉霍金这绝不可能。它也许在学术界和学生中销售良好，但是像这样的一本理论书，机场书店是绝不可能引进的。于是，他不断地寻找出版公司,最后选择了他认为可能成功的一家大众市场出版商,虽然这个公司并非专门出版科学书籍,然而它的出版物在机场书店很容易买到。

当时,《时间简史》的编辑彼德·古查迪非常尽责,他建议霍金重写这部书,要写得像他那样非科学专业的人都能理解。霍金每重写一章,编辑就发回一个长长的列表,包括一些异议和要他澄清的问题。有时候霍金觉得重写的过程实在无法坚持下去,还好他得到一台计算机,可以协助他进行稿件的修改,以保证最终完成。

《时间简史》这本书经过修改之后好多了。霍金要表达的是人类朝着完全理解制约宇宙的定律已经取得了怎样的进步。每个人都对宇宙如何运行感兴趣,但大多数人无法明白数学方程。他本人对方程也不太在乎。主要原因是霍金很难把它们写出来,就依靠图像来思考,他这本书的目标是靠语言描绘那些心里的图像,还借助于一些熟悉的比喻和图形。他希望以这种方式将过去多年间在物理学中取得的惊人进步的激动和感受分享给大多数人。

即使霍金避开使用数学,也仍然很难解释某些观念。这就引出一个问题:他是否应冒着把人们弄糊涂的危险解释它们? 或者他是否应该掩饰这些困难? 一些不熟悉的概念,诸如以不同速度运动的观察者测量出同一对事件之间的时间间隔不同,而这对他要描绘的图像不太重要，因此，他觉得他可以只提到它们而不必深入探讨。但其他困难的思想，要求霍金做出解释的东西却很重要。他觉得特别要包括这两种概念：一是所谓的"历史求和"，这是这样一种概念，即宇宙不仅只有一个历史。说得准确些，宇宙是每种可能的历史集合，而所有这些历史都是同等实在的，且不管所谓实在是什么意思。另外一个使"历史求和"在数学上有意义而必须解释的概念是"虚时间"。

　　回顾起来，他觉得本应做更大的努力来解释这两项非常难以理解的概念，尤其是虚时间，后者似乎是书中读者最感到麻烦的东西。然而，其实并不真的需要确切理解虚时间是什么——只要知道它与他们称作"实时间"的东西不同即可。这本书即将发行时，有一位科学家得到了这本书的试印版，那是提供给《自然》杂志写评论的，他发现这部书的照片和图片的位置和标号有错误，他被吓坏了。他给出版公司打去电话，他们同样也被吓坏了，并且立刻决定召回并废弃这个印次，现在回过头来看开始的第一版书也许相当有价值。出版公司紧张地用半个多月的时间改正和重校全书。在那一年的愚人节，《时间简史》终于铺到了书店里。

　　1988年夏天，他的第一部关于宇宙的普及著作《时间简史》出版，霍金为了书的发行去了美国，那是让人难忘的经历，回来后他去耶路撒冷领取久负盛名的沃尔夫奖，以表彰他在物理学上的杰出贡献，与其他许多荣誉奖不同，沃尔夫奖还有一笔数量不菲的奖金。霍金不断获奖也为《时间简史》的发行起了推波助澜的作用。

出版公司发现这本书的销售量惊人，它在《纽约时报》的畅销书榜列名达 147 周之久，而在伦敦《泰晤士报》畅销书榜列名达 237 周之久，已被翻译成 40 种文字，而且在世界范围内销售了超过千万册。一开始，霍金为这本书给出的原始书名是《从大爆炸到黑洞：时间短史》，但出版公司将其颠倒过来，并将"短"改为"简"，这真是神来之笔，对书的成功贡献甚大。

自此之后已有了许多这样那样的"简史"，甚至还有各种不着边际的。大多数对书的评论尽管都是好意的，却没有多少启发性。它们倾向于遵循一个套路：史蒂芬·霍金患了运动神经元症，他被禁锢在轮椅上，不能讲话，而只能动几根手指，但霍金写下了这部书，只有一个目的就是解释人类从何处来，人类往何处去。霍金揭示的答案是宇宙既不创生亦不毁灭，它只是存在。为了阐述这个思想，霍金引进了"虚时间"概念。

发表在伦敦《独立报》上的一篇文章更为敏锐。该文说，即使像《时间简史》这样严肃的科学著作也会成为畅销的书，把霍金的书和《禅与摩托车维修艺术》相提并论，使他感觉受到了相当大的恭维。他希望，这本书能让人们不必觉得自己和伟大智慧与哲学问题无缘。无疑，霍金身罹残疾，然而他努力使自己成为理论物理学家，这种让人们感兴趣的故事，也对这本书的销售起到一定助推作用。

这部书中只有两处提到霍金的状况，所以凭这种兴趣来购买此书的人一定十分失望。但这部书是试图写宇宙的历史，而非他的历史。但这个理由并不能阻止人们谴责出版公司利用霍金的疾病以及与之合作、将他的照片印在封面上作为噱头来吸引买者。事实上，按照合同，霍金对封面无控制权。然而，他也设法说服英国的出版者，使用比那张糟糕的、过时的、曾经用在美国的封面上较好的照片印在英国版上。然而，因为有人说美国公众已经把那张照片和书相等同，不便再作修改。

许多人买这部书是为了在书架上或者咖啡桌上展示，实际上并不阅读。尽管他不知这书是否会比大多数其他严肃的书籍更让人觉得无聊，但霍金确信至少一些人会研读完。每天他都会收到关于此书的一叠信件，许多人提出问题，并且做出许多仔细的评论，表明他们读了它，尽管人们无法全部理解。霍金接收到这类公众祝贺的频率较高，他还在街上被陌生人拦住，向他表示多么欣赏这本书。

1988年浙江工业大学教授吴忠超完成了《时间简史》的中文翻译工作。他开始联系国内的出版社，但都不看好，最后几经努力由湖南一家出版社于1992年出版了中文版《时间简史》。在媒体、出版社和知识界的积极推动下，书籍迅速走红，现已突破百万销售量。该书在国内走红的另一个原因是，人们对新的思想和科学知识有一种渴求，并希望能通过这本《时间简史》认知外面的世界。

自《时间简史》之后，他又写了其他几本书，向广大的公众解释科学：《黑洞、婴儿宇宙及其他》《果壳中的宇宙》和《大设计》。他觉得，人们对科学的基本理解是很重要的，这样他们在不断发展的科技世界中就能做出有根据的决定。他的女儿露西还和他写了《乔治的宇宙》系列书籍，这是为儿童，也就是明天的成人写的以科学为基础的奇遇。

《时间简史》给霍金带来的不光是名声，还有财富。他作为一位普通的科学家和大学教授，家中有三个子女，自己又疾病缠身，没有可观的经济收入，生活还是很艰难。霍金用意志完成了书稿，值得敬佩。

《时代》封面人物

　　确实，《时间简史》一书让霍金名利双收。在媒体和公众眼中，他是个值得关注的现象。在他的身上能看到公众期待的矛盾感。一个智慧的大脑被困在一个残缺的躯体里，公众很容易忽视掉从轮椅到宇宙之间那生存的挣扎和生活的艰辛，直接把这种冲突性对比浪漫化。而且这位轮椅上的科学家不刻板，还很积极乐观，会讲段子，喜欢听歌剧和摇滚。

　　这样的戏剧性和娱乐性出现在他的身上，吸引了大众的关注，何况一把轮椅和扭曲的坐姿让他在视觉上极具辨识度。霍金十分享受别人对他的这种崇拜，虽然他不能说话，但合成器的美国口音成了他身体形态之外的另一个标志性符号。他曾多次接受"BBC"

记者的采访，在采访前需要预先提供问题，这相当于交出了主导权，而霍金则掌握了谈话的节奏，让自己在公众面前无懈可击。

就在《时间简史》出版那一年，《时代》周刊刊登了他的封面人物介绍。重温当时《时代》周刊的内容，可以简略概括为几个问题。其中就问到了似乎无人能解释的难题，如英格兰哈尔的保罗·皮埃尔森问霍金："宇宙会终结吗？如果答案是'会'，那么宇宙之外是什么？"这是个未知的问题，因为人类还无法到达宇宙的边际。霍金则以自己的理论进行了答复："观测数据显示宇宙正处于不断加速的膨胀过程之中。它将永远膨胀，并在此过程中变得越来越空，越来越暗。但尽管宇宙没有终结，它确实有起点，它产生于一次大爆炸。你可能会问那么大爆炸之前是什么？但答案是没有'在那之前'，就像没有比南极更靠南的地方一样。"

又有人问：文明能够延续足够久的时间，直到我们有能力进入更遥远的空间吗？霍金认为，人类有很大机会可以等到移民开发太阳系的那一天。但是由于在太阳系中找不到比地球更加适宜居住的地方，因此他不清楚如果地球变得不再适合居住时，人类的文明是否能延续。为了生存下去，人类必须向其他恒星系进发。这将是一个漫长的过程，期待人类能够等到那一天。

其中有一位俏皮的记者问道："如果您有机会和爱因斯坦通话，您会说什么？关于人死后的意识问题，您怎么看待？"在此，霍金的幽默展露无遗，他机智地回答道："我会问爱因斯坦，你为什么不相信黑洞理论？他的相对论中的场方程表明一颗大质量恒星或一团气体云会坍缩形成黑洞。爱因斯坦本人意识到了这一点，但是他不知怎的却坚持认为某种机制，如爆炸会阻止坍缩过程，从而防止黑洞现象的发生。但是，如果没有发生这样的爆炸呢？关于人死后的意识，我认为人脑就像是一台电脑，而意识就如同电脑程序。当电脑关机，程序也会停止运行。从理论上来说，意识可以通过神经网络进行重建，但是这将非常困难，因为这就需要输入一个人全部的记忆。"

在众多媒体的关注之下，他已成为今天世界上最著名的学术明星，也许人们不知道他研究的究竟是什么，但没有人不知道"霍金"这个名字，他超越了科学范畴成为大众偶像。作为偶像的他其实是一个流行文化的符号，这与他多年来的兴趣和自我经营有关。在学术研究、研讨会、论文以外，他还是公共事务的参与者和倡导者，也能算是半个娱乐圈人。

作为运动神经元疾病协会的主要捐助人，霍金在20多年里，通过申述和维权，为残疾人争取到了一些权益。通过努力，艺术剧院和电影院开始提供放得下轮椅的特殊座位，大学也开始修建残疾人通道。在残疾人辅助设备上，他的一些经验也值得医疗界参考。为残疾人维权是霍金的自我需求的表达，那么他们参加反核武器协会则更多是为了社会。

从霍金第一次访问中国时可窥探出他受到了怎样的重视。就在 20 世纪 80 年代，对于刚敞开国门的神秘东方大国，西方科学家充满了好奇。霍金也很想到中国来，当时他选择的目的地是中国科学技术大学，但英国驻中国大使馆不同意，给出的理由是合肥交通不便，不适合重度残疾人霍金访问，而他的饮食需要从英国带来专门制作。1983 年中国科学技术大学首先邀请霍金的学生来进行访问，课题是黑洞相关的研究。随后"霍金广义相对论小组"就接受了访华的邀请。

2002 年霍金来杭州时，左手还能按得动电脑的开关。与霍金一同工作的同事回忆，当时他骨瘦如柴，绝大多数时间里都低垂着头，需要足够努力才能将头抬起来，而且还需要有人不时帮助他，调整坐姿。几年后，他只能通过动眼皮来控制传感器，语音发声器也反应很慢。在 2009 年霍金的身体迅速衰退，随后的几年他有几次无法出席自己的生日会。

霍金除访问中国 3 次外，还去了澳洲外的每一个大陆，包括南极洲。他会见了中国、韩国、印度、爱尔兰、智利和美国的国家元首。他在北京的人民大会堂和白宫做过演讲。他曾经乘潜水艇下到海里，也曾乘气球和零重力飞行器上到天上，而且他还向"维珍银河"预订了太空飞行。

　　他早年的研究证明了经典广义相对论在大爆炸和黑洞奇点处崩溃。他后来的研究证明了量子论如何预言在时间的开端和终结处发生什么。活着并从事理论物理研究，使他拥有一个美妙的生命。如果说他曾经为理解宇宙而添砖加瓦的话，他会因此感到快乐。也许科学幻想是从人类的实际出发，对于未来境遇的设想，而它所揭示的是我们司空见惯，甚至已经遗忘或者故意视为不存在的真实。

　　霍金喜欢展示自己，早在 20 世纪 70 年代就在 BBC 制作的一部纪录片里成为主角。其实很多媒体都为他拍摄过各种类型和角度的纪录片，但让大众真正关注到霍金的故事，却是通过一部由 BBC 拍摄、"卷福"本尼迪克特主演的电视剧《霍金》和另一部获得奥斯卡奖的《万物理论》。

　　霍金的理论被引用到科幻故事的制作之中，作为《星际迷航》系列的粉丝，他曾在电视剧《星际迷航：下一代》中饰演过自己，与爱因斯坦、牛顿一起打扑克。在美国卡通片《辛普森一家》中，他多次以动画形式出现，并为自己配音；他的形象也在卡通片《飞出个未来》中出现；卡通片《居家男人》中，则有与其类似的角色对其进行了滑稽的模仿。美国 ABC 公司制作的一套《科幻大师》的科幻剧集，每集都请不同的导演来讲述一则发生在未来的故事，片头的解说员则请霍金担当。

　　《与史蒂芬·霍金进入宇宙》是一部美国拍摄的纪录片，由霍金编剧并主演，讲的是宇宙。在"探索"频道推出的这部纪录片中，当时 68 岁的霍金在片中谈论了他对宇宙外星生命问题的最新思考。他认为，外星生命几乎肯定存在于宇宙的许多其他地方——不仅活在行星之上，还可能存在于恒星中心，甚至漂浮于行星间的广阔宇宙。

霍金指出，外星生物在消耗尽自己星球上的资源后，便会乘坐大型飞船到它们能够到达的星球掠夺资源，并将那里开拓成殖民地，给人类带来灭顶之灾。他认为外星人一定存在，而理论依据超乎寻常的"简单"——宇宙有 1000 亿个"银河系"，每个星系都包含上亿恒星，在这样一个庞大空间里，地球不大可能是唯一演化出生命的行星。"我觉得，纯粹出于数学脑筋去想，单是如此巨大的数字，就足以令'外星人存在'的想法显得完全合理。真正的挑战是，去发现外星人到底是什么样子。"

特别是在美剧《生活大爆炸》第 5 季第 21 集中，霍金虽为客串，但是本色出演。以客座教授的名义来到谢尔顿所在的大学授课几周。当"谢耳朵"西装笔挺地去见偶像时，霍金坐在轮椅上给了小谢一个犀利的眼神，并在剧中高傲地指出了谢尔顿的一处错误。他利用合成器发出美式英语调侃，当脱口秀节目的主持人，也和英国摇滚乐队合作，参加世界顶级乐团的专辑制作和表演。2012 年，他在奥运会上又过了一把主持人的瘾。

记得抬头仰望星空

人们似乎也早就习惯了霍金在新闻里针对人类未来发出警告。

2018年3月14日这一天，剑桥大学应用数学和理论物理系教授、前卢卡斯数学教授史蒂芬·霍金去世的消息来得有些突然，在此之前英国媒体并没有透露出任何关于霍金"病危"的消息。霍金在21岁时就被确诊患有一种罕见的运动神经元疾病。50多年后，以坚强的求生欲望创造了医学奇迹的英国病人霍金是至今寿命最长的"渐冻人"，享年76岁。

霍金大概随时随地都能够感受到死亡的迫近。现实加上医生当时做出的他最多只能再活两年的诊断，于一个年轻人来说未免太过残酷，也激发出了一个人所蕴藏的最强大的生命力，堪称一个残酷的人类学实验。看到身患运动神经元疾病的霍金在轮椅上瘦小的身体，任何人都会马上明白，对于霍金来说，首先他是一个病人，一个逐渐丧失行动能力的病患。

在患病的几十年里，他始终得到精心照顾，在他的背后有一个默默无闻的女人，做他坚实的后盾，这就是他的前妻简·王尔德。简·王尔德在两人的婚期里，每天24小时地照顾霍金30年，并生育3个子女，从他一无所有到鼎鼎有名，在他最功成名就时离婚，离婚后还和现任丈夫乔纳森一起照顾霍金！

回忆他俩走过爱情的心路旅程，除了在信仰上有不同意见外，几乎没有别的分歧。当年两人相识在一个宴会上，她被霍金幽默的谈吐、才华所吸引，两个人暗生情愫，一段爱情故事就这样展开了。在接下来的一段时间里，霍金主动约她去看星辰、跳舞。年轻时的霍金是个非常浪漫的人，两个人彻底坠入爱河。

接着，霍金的身体开始出现异样，身体也逐渐不受控制，手会不停地颤抖，冷不防会摔倒，步伐渐渐变慢，最后连走路都变得困难。他被诊断出肌萎缩性侧索硬化症，又叫运动神经元病。然而这并没有让简·王尔德退却，即便知道他只能再活两年，也毅然决然陪在他身边："我们不怕病魔，我们不管医生怎么说，我们要挑战未来。"

简·王尔德曾在采访中说："那时我很年轻，我想，向史蒂芬奉献两年时间，我完全可以做到啊。带着像没有明天那样去生活的态度做决定，那就容易得多了。"然而，这一段路一走就是30年。那时的霍金低落到极点，正是简·王尔德的不舍不离成为他新的动力。1965年两人结婚，这时霍金已经开始拄着拐杖行走，手也开始逐渐没有力气。

霍金说："这是我这辈子头一次去努力，没想到我还挺喜欢这种感觉。"婚姻上得到了圆满，在事业上霍金开始找到了方向，对物理学有着浓厚兴趣的他走上了一条为人类造福的漫漫长路。就连夫妻二人度蜜月，都是去康奈尔大学参加暑期物理班。此时的简·王尔德发现，在霍金的生活里，物理事业将和她一起分享老公了。

婚后，他们迎来了第一个孩子，而此时，霍金已经无法下楼梯了。对于婚姻，简·王尔德是乐观的，后来又有了第二个、第三个孩子。她相信，人是可以战胜病魔的。渐渐地，霍金的病越来越重，除了眼睛和手指，几乎全身都不能动了。在接下来的日子里，他开始在轮椅上度过，吃饭也需要一口一口地喂，这些都要简·王尔德亲力亲为来照顾。妻子简·王尔德照顾着整个家庭，包括霍金和三个孩子，有时忙到虚脱，累到崩溃。

然而，她并没有放弃自己的追求，她深知在剑桥的社会里，没有过硬的学术资质傍身，只是个家庭主妇，是会被瞧不起的。

当时霍金的身体每况愈下，吃饭、沐浴、更衣……他每时每刻都需要照顾，还要照顾三个孩子，简·王尔德用了很长时间寻找这两者间的平衡。她回忆道："霍金上班时，我可以放心把他交给同事去照顾，这样我在白天有一点自己的空间。有了孩子以后，我同时还在写我的博士论文，研究中世纪的西语诗歌。"

面对这样的生活，意味着不容许浪费一点时间。这个习惯简·王尔德一直保持着，她说："哪怕只有五分钟空闲，我也会到书桌前坐下来，查阅资料，记下笔记。当年我把孩子们送到托儿所以后，都会到大学图书馆里待一段时间，我得做到非常自律。"简·王尔德对霍金，是真的用全身心去照顾他，帮助他，爱护他。

霍金曾经感染过一次肺炎，只能靠呼吸器维持生命，病情非常严重，他也非常痛苦。甚至主治医师都对他们建议，拔掉呼吸器，这样他就不会饱受痛苦了。但简·王尔德坚持不同意，她又说："我不能让他死，我是他生命的代理人。"然而，这段对她来说看似可以走到最后的婚姻，却在第 30 年的时候，亮起了红灯。1988 年霍金的著作《时间简史》让他功成名就。有传言说，他们之所以离婚是因为霍金对物理的痴迷，以及所取得的成就，让他忽略了对家人的关心。

当时为了减轻压力，简·王尔德去教会放松自己的精神，在这里她认识了乔纳森·琼斯。霍金考虑到自己的身体状况，以及妻子和孩子之后的生活，也默许了他俩的来往。她和乔纳森在信仰以及爱好上有很多共同点："我和他的共通点在于信仰与古典音乐。我喜欢唱歌，乔纳森特别擅长巴洛克音乐，我俩经常在一起合作。我现在还经常去合唱团。"随着霍金的病情每况愈下，需要请护士，而其中一个护士伊莱恩来到家里后，反客为主，除了霍金，其他人都被边缘化了，简·王尔德甚至觉得她在挑拨她和霍金的关系。

最终，霍金和简·王尔德还是离婚了。离婚后，霍金和护士伊莱恩结了婚，简·王尔德也和乔纳森组成新的家庭。在 2006 年，霍金向第二任妻子伊莱恩提出离婚。在霍金后来的生活里，都是简·王尔德和乔纳森在照顾他的起居。她曾说："即便是离婚了，我们彼此尊重对方，有深厚的友情，彼此承认对方是很重要的人。"

一般人可能不理解，为什么霍金不善于人交流，而且话都很短，因为长期从事科学研究的人，行文和口述表达都力求简洁，霍金的情况使他的交流更为简洁。他的表达相当费时，他或许宁愿不说了。由此可见，当一个人不能即时地与亲友分享喜怒哀乐时，那种寂寞的确是无边的，也令人懊丧无比，这是任何荣誉和恭维所不能补偿的。无论是在工作中还是在家庭中，霍金都是自我沉浸的，缺乏交流而导致沟通不畅，这也是影响他生活、产生不便的主要原因。

　　有人要问，霍金的科学研究和社会影响力到底哪个更高一筹。这似乎就像两个不同性质的东西，没有可比性。就拿橙子和梨来说，不能说哪个更好吃。又有人对此进行了假设，如果拿橙子来比喻霍金的科学研究，那么梨就是社会影响力。根据霍金所创造的个人价值来看，他的橙子不是世上最大的，而他的梨却是全世界最大的那个。人们远远观望着留下果实的霍金，就像看到了橙子和梨那鲜艳漂亮的果皮，艰难地窥视核与肉的所在。

　　霍金在《果壳中的宇宙》一书中形象地用果壳来形容宇宙。他说："呵！膜的新奇世界，里面有这样美妙的生灵。那就是果壳中的宇宙。"在《大设计》中他说："根据宇宙的传统观念，物体沿着明确定义的途径运动，而且具有确定的历史。我们能够指定其每一时刻的确切位置。"他又在《黑洞不是黑的》中阐述："量子宇宙学无边界设想，凝缩成两句话就是：黑洞辐射贯通这引力量子信息，无边界律呈现宇宙无中生有。"

　　所谓太空旅行，不如说打破极限，探索人类边界。与成功相比，大胆的想象和尝试的勇气更显可贵。国际上多家公司开展亚轨道旅游业务，英国的维珍银河、美国的蓝色起源和Aerospace。霍金生前曾期盼乘"维珍银河"的"太空船2号"遨游太空，并在推特上发文称："我们进入了一个新的太空时代，如果能够乘坐这艘太空船飞行，我将感到非常荣幸。"

那么霍金研究的宇宙领域并不是很大众的一个领域，为什么这么多人关注他的成就呢？对于宇宙，从古到今都是人类感兴趣的问题。就拿中国人来讲，比较"唯心"，有时还会认为过世的人成为天上的某颗星，这些都与天上的宇宙运行方法有关。例如月球和地球怎么运行，直接影响了人类。行星的运动对地球又起到怎样的影响，这都是大范围的宇宙结构问题。

了解宇宙，其实就是理解生命和万物的存在，人类经过几千年才从神话的朦胧之中走向理性的澄明。智慧生命逐渐意识天、宇宙整体及其万物是由规律制约的，比如心理学就是人体的"有效模型"，而自由意志可被镶嵌其中，从此诗意栖居世间，用情感抚慰人心。而宇宙是个极为复杂的系统，人们也需要建立有效的模型直观地了解它。

霍金经过研究得出：个人存在的时间极为短暂，其间只能探索整个宇宙的小部分。但人类是好奇的族类，对于多数人在大部分时间里，无法理解的"为什么存在实在之物，而非一无所有"，"我们为什么存在""为什么是这个特殊的定律而非别的"等深奥的问题，霍金做出了解答。他采用一种称为依赖模型的实在论法，用头脑构造世界模型来解释事件，就得到了组成它的元素和概念。

人类是宇宙极早期的量子涨落的产物，并且展现了量子论如何预言"多宇宙"。霍金在《大设计》一书中解释道："根据量子论，宇宙不仅具有单独的存在或历史，而且同时存在每种可能的历史。把这种思想应用于宇宙整体，就对因果概念本身提出疑问。这是一种'从顶往下'的宇宙学方法之说，过去没有采取确定的形成，这一事实意味着，人类观察历史而创造历史，而非历史创造了人类。"

生活中有那么多的奥秘，霍金运用他的宇宙理论也无法知道所有的问题答案。虽然物理学和数学或许可告诉他宇宙是如何形成的，但在预测人类行为方面却很受限。因为人类需要解太多的方程了，对于人们的生活，尤其是女性，霍金此生都在叹息："我并不比其他任何人了解得多！"

不可否认，霍金是我们这个时代最负盛名的大师。然而，近半个世纪以来，科学家们在基础科学领域的前进之路举步维艰，这或许也让霍金承担起了"最后的大师"的名号。一方面，人类对基础科学的探索还在缓慢积累，几乎没有突破；另一方面，随着认知边界的不断拓展，单独依靠个人智慧已经远远不够。

人们不断印证前人理论的同时，科学家正在通过技术的力量，将这些基础科学广泛地应用在推动整个时代前进的科技洪流中。而这些或成功或失败的技术，在一次次飞速的升级、迭代、创新中，反过来成为基础科学的助推器，以远超个人脑力的速度，接近它的下一次爆发。无法判断，科学界能否再出现一位能比肩霍金的科学家，和过去的爱因斯坦、牛顿、普朗克、达尔文等人一样，以个人之名成就一门学科，但我们可以确定的是，在霍金谢幕的身影之后，更多科学家会登上历史的舞台，去继续完成霍金未竟的事业。

最后，回顾霍金的一生，正如他自己所说的："去往太空，去往下一个千年。"

史蒂芬·霍金生平年表

1942 年　1 月 8 日，出生于英国牛津。

1959 年　进入牛津大学就读。

1962 年　10 月，进入剑桥大学开始研究生生涯。

1963 年　被诊断患有肌萎缩性脊髓侧索硬化症。

1964 年　与第一任妻子简·王尔德订婚。

1965 年　与简·王尔德在剑桥大学举行婚礼。

1968 年　证实宇宙大爆炸。

1973 年　撰著的《时空的大尺度结构》出版，这是霍金的第一本著作。

1972—1973 年　提出四条黑洞热力学定律。

1974 年　在牛津大学发表论文《黑洞爆炸》。

1974 年　当选为英国皇家学会院士，成为最年轻的院士之一。

1975 年　获颁爱丁顿奖章。

1975 年　荣获庇护十一世金牌。

1976 年　被授予麦克斯韦奖、海涅曼奖与休斯奖章。

1977 年　升任为剑桥大学引力物理学讲座教授。

1978 年　获得爱因斯坦奖与牛津大学荣誉博士学位。

1981 年　被授予富兰克林奖章。

1982 年　获颁英帝国司令勋章。

1984 年　完成《时间简史》的首稿。

1985 年　在拜访欧洲核子研究组织时感染了严重的肺炎，必须使用维生系统。

1988 年　《时间简史》首次出版。

1992 年　《时间简史》中文版出版。

1995 年　与简·王尔德离婚，结束了 30 年的婚姻。

1995 年　与第二任妻子伊莱恩结婚。

2001 年　《果壳中的宇宙》出版。

2006 年　与第二任妻子伊莱恩离婚。

2006 年　荣获英国皇家学会的科普利奖章。

2007 年　与女儿露西完成童书《乔治的宇宙》三部曲。

2008 年　亲赴西班牙的圣地亚哥·德孔波斯特拉大学接受丰塞卡奖。

2009 年　美国总统巴拉克·奥巴马颁予霍金美国最高的平民荣誉总统自由勋章。

2010 年　《大设计》首次出版。

2013 年　获颁基础物理学特别突破奖。

2017 年　多次警告人类不要接触外星人，并随时警惕人工智能对人类的威胁。

2017 年　私人航空公司维珍银河邀请他上太空漫游，他当即答应，并期待技术完善后实行此次旅行。

2018 年　3 月 14 日，于英国剑桥家中安详去世，享年 76 岁。